訳者まえがき

「マリッジ・ストーリー」という映画をご存じでしょうか。2019年にNetflixで公開された映画で、妻のニコル、夫のチャーリーが「離婚を決めたカップル」としてカウンセリングを受ける場面から始まります。カップルにはヘンリーという8歳の男の子がいました。最初は「財産は全て半分にして、子どものことも二人で話し合って決めましょう」と話し合っていたものの、妻ニコルが友人から助言を受けて女性弁護士とミーティングをし、結果的に彼女を雇ったことをきっかけに、あれよあれよという間に泥沼の離婚裁判へと発展してしまいます。その描写は、離婚経験のある

「親権をめぐって言い争う法廷のシーンや、これまでの不満をぶちまける際に勢い余っ
ことを言ってしまうシーンがリアルで身につまされる」とネットで評判が立つほどで
画の舞台は米国ですが、日本でも離婚裁判となると似たような様子であることも耳に
つけられ追い詰められると、相手の気持ちを思いやる気持ちのタガも外れてしまうの
じました。相手より少しでも多くの養育時間を確保しようとするあまり、「相手がい
親）として不適格であるか」といった攻撃の応酬になってしまうこともあり、離婚裁
関係を再構築が不可能なほど険悪なものにしてしまう可能性も秘めています。
ーリーを演じたアダム・ドライバーは、「この映画は離婚の話なのに、なぜ『マリッ

ジ・ストーリー』という題名なのか?」とインタビューで質問された際に、「このストーリーは、離婚の過程というレンズを通して二人の間に起こった愛について語っているからです」と答えています。カップルの別離の過程は、二人が愛を築いてきた関係の歴史を振り返る過程でもあるのです。お互いの不満を解消する唯一の方法が別離であることが明白になった時、そして子どもと両親との関係はこれからも守っていきたいと考えた時に、どのようにすればそのプロセスをより穏やかに、建設的に進めていけるのかということを、共同養育コーチの専門家としての長い経験を持つ著者が解説したのが、本書です。

米国の共同養育の仕組みは、「子どもには両方の親との関係を築く権利がある」という考え方が前提になっています。共同親権は、その子どもの権利を法的に保証するための制度という位置付けです。しかし、米国においても、かつて親権は(母親が第一養育者と見なされる場合には特に)母親に与えられることが多かったようです。20世紀後半になると、親権の決定において性別を問わない中立的なアプローチが重視されるようになり、共同親権の概念は1970年代に生まれたとされています。1980年代以降には「子どもの最善の利益」に焦点が当てられるようになり、共同養育制度を促進する法律が整備されるなど、親権に関する法律が大きく進化しました。なお、養育費や親権に関する伝統的な法律から、現行のような形になる過程は段階的で、州によっても違います。本書の著者のカレン・ボネル氏によれば、現在のワシントン州では「子どもが、どちらの親とも家族という意識を持つのに十分な時間を過ごすこと」に重点が置かれており、十分な時間とは「2週間のうちに連続して5泊すること」とされているそうです。以前の、週末だけ父親の家で過ごすといったスタイルからさらに進化しています。

また現在の米国では、「子どもが両親との関係を健全に育むことが、子どもの利益につながる」という考え方が、一般の人たちにも浸透しています。私（訳者）は現在米国に住んでいますが、実際に私の周りにも、離婚したカップル、あるいは離婚に向けて別居を始めたカップルの子どもがいて、彼らは、定められた養育スケジュールに従って二つの家を行ったり来たりする生活をしています。米国では多くの場合、親が子どもの学校への送迎をするので、別居が始まった途端に、何曜日に子どもはどちらの家に行くのか（どちらの親が迎えに行くのか）というコミュニケーションをお互いに密に取らなければなりません。

我が家の3兄弟のうちの一人の友達の両親が、突然別居したことがありました。その後、私が別居した母親に「カープール（車での送迎を他の家庭と分担すること）で我が家の子どもを一緒に連れていってもらえないか」と頼むと、母親から「その日は父親（が養育当番）の日だから、そちらに連絡してほしい」と言われたこともありました。こうした状況も米国ではそれほど珍しいものではないため、周囲も当たり前のように、別居した家族の状況に対応していくようです。

その他の私の友人関係を思い返してみても「日本から米国に移住し、国際結婚をして子どもも生まれたけれど、諸事情により離婚して、今は共同養育をしている」という方が数人います。話を聞くと、それぞれに個別のストーリーはありながらも、時間とともに「元配偶者」から「子育てを一緒にする共同養育パートナー同士」の関係に移行しているようです。例えばA子さんは、「離婚した当初はお互いにぶつかったり、もやもやしたりで、試行錯誤の日々だったけれど、数年が経過して、お互いに過去を過去として消化し、子どもの幸せに焦点を当てることによって、相手への気持ちに折り合いをつけることができるようになった」と話していました。今では元配偶者は共同養育パートナーとなり、良き友人、そして相談相手として、良好な関係を築いているそうです。

本書の前半には、関係が終わったことを受け入れ、どのように自分の気持ちを整理し、相手との距離の取り方を調整するかという戦略が細かく書かれています。ほとんどの人は、昨日まで一緒に暮らしていた人に対して（そして多くの場合、別離に伴う痛みを感じながら）、翌日から割り切って「これからは共同養育パートナーとしてよろしく！」といった切り替えができるわけではありません。それは時間のかかるプロセスであるということ、そしてこの時期に大切なのは、自分の感情と向き合い、気持ちの整理がつくまでは相手との接触を減らすことだといったことも、本書には書かれています。

本書ではこの他にも、元配偶者を「共同養育プロジェクト」を一緒に行うパートナーとして、あたかも仕事上のビジネスミーティングをするように、事前に話し合いの方法や内容を決め、議事録を作り共有する方法が示されています。また、米国では家族で過ごすことが多いクリスマスや感謝祭の扱いについて言及している章もあります。日本の習慣に置き換えてみると、例えばお盆やお正月は1年ごとに交代でどちらの家族と時間を過ごすのかを決める、あるいは年末年始なら、ある年のクリスマスから大晦日までは母親とその家族と過ごし、年明けの元旦からお正月休みが終わるまでは父親の家族と過ごす。そして翌年はその順番を交代する……といった方法が考えられます。

冒頭にご紹介した「マリッジ・ストーリー」では、最終的には法廷での激しい争いを経て離婚が成立します。離婚成立から1年ほどがたったころ、ハロウィンを一緒に祝うために家族が集まった時に、父親のチャーリーが母親のニコルの新しい恋人と顔を合わせる場面があります。また、寝た子どもを抱っこして道端にたたずむチャーリーの靴の紐が解けているのに気付いたニコルがしゃがんで結び直してあげる場面もあって、その光景は見る者の心を打つものがあります。カップルとしては決裂した二人でも、かつて愛した人の幸せを願うことができるところまで心の傷を癒やし、関係を修復することも可能であるという描写は、希望を感じさせるものでした。

本書には、共同養育に取り組むさまざまな親のエピソードが豊富に取り上げられています。それぞれの親が別れに心を痛め、子どもの様子を気遣いながらも新しい「二つの家がある家族」という現実に徐々に慣れていく様子を見ると、人は適切な方法とサポート、そして必要な時間を経れば、傷ついた心を癒やし、強く立ち上がることができるのだと勇気づけられます。本書が「共同養育の望ましい姿」のイメージを描く助けになればと願っています。

2024年8月

塚越悦子

推薦の言葉

本書には、離婚から立ち直ろうとしている親が、共同養育をして子どもを守るための手順が書かれています。ボネル氏とリトル氏は、離婚という人生の節目で役に立つ見事な本を作り上げました。私は弁護士として、困難な離婚案件を担当していますが、離婚する親が幸せになるには、本書に示された方法が不可欠だと確信しています。私は、このテーマについて書かれた本の中で、本書を一番に推薦します。

——ジャスティン・M・セデル（法学博士・弁護士、シアトル大学・ワシントン大学ロースクール特任教授）

本書は、複雑な問題を分かりやすく説明し、具体例を示して、二つの家がある家族のための日々のノウハウを示しています。共同養育をする全ての親に役立つ内容です。親の新しい恋愛にも前向きに取り組み、子どものためにベストを尽くす家族の分かりやすい事例が挙げられています。私はこの本をまとめ買いするつもりです。

——ナンシー・キャメロン（弁護士、調停人、国際コラボレーティブ法専門家協会〈ＩＡＣＰ〉元会長）

本書には、離婚後の共同養育を成功させる知恵が詰まっています。子どもへの離婚の伝え方、新しい恋人の紹介方法といった問題から、養育スケジュールの運用方法、元配偶者との協力方法まで、幅広くカバーしています。子どもの健やかな成長を望む親に読んでもらいたい本です。

——J・マーク・ヴァイス（法学博士・弁護士、調停人、ワシントン州弁護士会家族法部会元会長）

ビジネス思考で
離婚後の子育ては
必ずうまくいく!

共同親権
共同養育
対応

The Co-Parenting Handbook

カレン・ボネル
(共同養育コーチ)
クリスティン・リトル／著
(児童心理カウンセラー)
塚越悦子／訳

イーオーエヌブックス

この本を子どもたちにささげます。

アリへ――
自分の考えを貫く強さと、母と娘の固い絆について教えてくれてありがとう。

ベンへ――
あなたの正義感、変化に対応する力、予想外の人生に立ち向かう勇気に感謝します。

――KB

セバスチャンへ――
人生の広がりや、それが想像以上に楽しいことを教えてくれてありがとう。

――KL

そして、あなたたちの子どもたちへ。

目次

序章

子どもと一緒に困難を乗り越えよう

「子どもは『いい子になりたい』とは思わない。
『あの人のようになりたい』と考えるものだ」

――**ブルーノ・ベッテルハイム**（国際児童心理学者）

最も大切な人は誰？

子どもの幸せを願わない親はいません。

筆者は離婚後の共同養育を支援する仕事をしていますが、離婚を経験した当事者でもあります。そこで、これまでに得た経験と知識を、子どもの幸せを願う皆さんにお伝えしたいと思っています。

本書には、離婚という、人生の中で最も不安で恐ろしい経験をしている方々に向けて、筆者が日々繰り返し伝えている教訓や原則を盛り込みました。夫婦が離婚からどのようにして立ち直り、「共同養育パートナー」になれるかが、筆者の研究テーマです。

共著者で児童心理カウンセラーのクリスティン・リトルも、離婚を経て、子どもを共同養育しています。彼女は、親が離婚した子どもの話を聞きながら、離婚コーチとして「子どもが何を考え、何を必要としているのか」をその両親に伝える仕事もしています。

4年ほど前、私は相談室で魔法のような出来事を目にしました。クリスティンがある子どもから話を聞いてその内容を両親に説明した途端、その両親は子どもの気持ちを深く理解できるようになったのです。その日から、私とクリスティンのチームワークが始まりました。

彼女のおかげで、本書に子どもたちの声を反映させることができました。そして私たちは「最も大事にしなければならない人は誰か？」を常に忘れずに意識することができました。その問いの答えはもちろん、「子ども」です。

共同養育により、子どもが両方の親と愛情に満ちた自由な関係をつくることができれば、子どもの人生は豊かになります。そうすれば子どもは「尊敬する人は誰ですか？」と聞かれたら、迷わずに「パパとママ！」と答えるようになるでしょう。子どもにとって両親は世界で最も大事な存在です。皆さんが元配偶者と協力して子育てができるようになることを願っています。

なぜ「子どもの幸せ」はないがしろにされるのか

別居すると、あなたの人生は一変します。子どもが二つの家を行き来するようになったら、私の生活はどうなるのだろう？　何を考えて準備すればいい？　他の人たちはどうしている？　失敗しないだろうか？　もっと良い方法はないだろうか……と不安でいっぱいになります。

日々は足早に過ぎ、引っ越しの日がやって来ます。離婚の合意書や共同養育プランも完成し、別れることに解放感もありますが、心は傷ついています。そんな中、新しい生活を始め、子どもを幸せにするという決意を持って、元配偶者と共同養育をしようとしているのです。

「何から始めればいいのだろう？」とあなたは思うでしょう。「元配偶者とやりとりしなくてはいけないのだろうか？　育児の方法はどう変えればいいのだろうか？」――本書は、このような切実な問いに答えます。本書を読めば、あなたは次のことができるようになるでしょう。

本書を読んでできるようになること

- 元配偶者と、共同養育に取り組むビジネスライクな関係をつくる。

- 元配偶者と互いに敬意を持ち、相手を尊重できるようになる。
- 子どもを最優先にし、大人同士の対立や心配事から子どもを守る。
- 子どもが何を失うのか、そして子どもにとって何が変わるのかを知る。
- 子どもが、強さと能力を身に付けられるようにする。
- 二つの家がある家族の実用的な生活方法や習慣を決める。

本書では、両親の別居をきっかけに二つの家で生活する子どものために、親が子どもを安全な環境で強くたくましく育てる方法を紹介します。子どもにとって、両親はこれからも変わらずに親であり家族です。本書の焦点は子どもであり、大事なのは「両親が別れた後も、子どもが伸び伸びと子どもらしくいられるようにすること」だということを覚えておいてください。

両親の離婚によって子どもが失う「家族」の感覚は、上手に共同養育をすることで取り戻すことができます。

共同養育を始めるには、両親が気持ちを落ち着かせて、協力関係をつくる必要があります。
子どもが産まれた時のことを思い出してください。「赤ちゃんの取扱説明書はないの？」と思った方はいませんでしたか。多くの人は育児書などを読み、時には失敗も経験しながら愛情深く子どもを育てたことでしょう。

一方で離婚後の共同養育は、婚姻中の子育てよりも複雑です。あちこちに「感情の地雷」が埋まっているような状態なので、わずかな行き違いが両親の対立につながってしまいます。そのせいで多くの親は、心の中では子どもの幸せを願っているにもかかわらず、どうやって共同養育をすればいいのかが分からなくなってしまうのです。

しかし、適切な方法を使い、必要に応じて支援を受ければ、共同養育により子どもに健全で愛情に満ちた環境を与えることができます。両親が別々の家に暮らしていても、しっかりとした家族の土台をつくることはできるのです。そうすれば、子どもは今後も家族から愛され続けると安心し、伸び伸びと成長できるでしょう。

ある6歳の女の子は、「パパとママはバレエの発表会を見に来てくれた?」と聞かれた時、「なぜそんなことを聞くの?」とでも言うように、腰に手を当てて答えていました。「もちろんよ! 私たちはまだ家族なんだから」と。

あなたも、共同養育で子どもを幸せにすることができます。本書では二つの家がある家族を続ける方法をたくさん紹介していますが、その中からあなたに役立つものを使ってください。時間はかかるかもしれませんが、前向きに希望を持って将来を築いてください。

なお、あなたは弁護士の助言が必要になることがあるかもしれません。弁護士は慎重に選んでください。家族の価値を理解し、子どもを守るというあなたの希望をかなえてくれる弁護士を探してください。離婚後も共同養育に協力してくれる弁護士を雇いましょう。詳しくは、付録「離婚弁護士の選び方」を参照してください。協調的な離婚のトレーニングを受けた弁護士も検討してください。離婚コーチや調停人に相談する方法もあります（訳注：米国の調停人の多くは裁判所に属さず、民間で調停サービスを提供します）。

あなたと配偶者が互いに敬意を持ちながら、離婚のプロセスを進められるよう願っています。

では、始めましょう。

「ファミリーヒストリー」が子どもに与える力

「人が元気に自信を持っていられるのは、そのような『物語』を心の中に持っているからです。物語がなければ、人は気が狂い、人生はよりどころを失うでしょう。人は物語によって恐怖を乗り越え、広い心を持つのです」

——**ベン・オクリ**（ナイジェリアの詩人・小説家）

まず、あなたの今の自分をつくり出したあなたの経験や記憶、そして自分のファミリーヒストリー（家族の歴史や物語）を思い出してみてください。そこには愛情や葛藤、献身や努力、弱さや強さについてのさまざまな物語があるはずです。このようなファミリーヒストリーやそこで語られる物語によって、人は自分自身を知り、過去や現在、未来を把握し、この世界での自分の立ち位置や人間の本質について理解を深めていくのです。

父母の「別れ」は、幸福な物語とは言えないかもしれません。しかしそこから立ち直ることができれば、ピンチを前向きに乗り切ったという、素晴らしいファミリーヒストリーになります。離婚の困難と向き合い、別れを受け入れて成長する親の姿を見た子どもは、その物語を記憶し、自分も人生の困難を乗り越えられるという自信を持つのです。

子どもが親の離婚についてどのような物語を語っているのか見てみましょう。

●●●

マティ（10歳）：「夜に家にいたパパが、次の日の朝にはいなくなっていた。朝ごはんを食べに行くと、ママが泣いていたんだ。何があったのかは聞けなかった。ママもパパも説明してくれないから、何が起きたのか分からない。今はパパには会うけど、違う家に住んでいる。ママと住んでいる家は、悲しい感じがする」

キャリー（15歳）：「パパとママは1年前に別れた。つらかったけど、二人は私や弟と一緒にいてくれる。『一生懸命に努力したけど、同じ家で仲良く暮らすことはできない』と説明してくれた。悲しくて怖かったけど、パパとママは私たちを愛してくれているし、いつでも会えると言ってくれた。二つの家で暮らすのは大変だし、好きじゃない。でも、二人はけんかをしなくなったし、前より良くなったと思う。パパとママは別れる前よりもお互いのことを好きになったんじゃないかな。誕生日の時とか、家族みたいに楽しいこともある。自分の家は友達の家とは違うけど、そんなに悪くはないわ。パパとママが好きだし、愛されていると感じる。普通とは違うけど、私たちはほとんど一つの家族みたいなものかな」

●●●

これらの子どもの物語から、両親が別居する時、まず何をしなくてはならないかが分かります。これから何が変わり、何が変わらないのか、そして何を約束できるのかを、子どもにきちんと説明するのです。子どもは、親から説明を聞き、親に質問できるということが分かれば、今を乗り切って安全で愛情に満ちた未来に向かって進めるようになります。

ただ、もしかするとあなたは「何が起きているのか、自分でもよく分からないのに、どうやって子どもに説明すればいいのだろう?」と思うかもしれません。その気持ちは分かります。

でも考えてみてください。例えばあなたが子どもと森にハイキングに出かけ、途中で迷子になってしまったらどうしますか? パニックになって「熊がいかに凶暴か」や「何週間もさまよって餓死した人がいる」といった話を子どもにしてしまうでしょうか? もちろんしないはずです。

あなたは勇気を奮い立たせ、優しく話すでしょう。「軽食と水があるし、この森にハイキングに出かけたことを知っている人がいるから、必ず見つけてもらえるよ」と。あなたは子どものガイドになり、自信と安心を与えます。冷静さを保ち、的確な決断を下し、子どもの不安や心配を聞いて質問に答えます。誰かを責めたりせず、自信と信念を示すでしょう。

このように子どもに冷静に説明し、勇気を持って一歩を踏み出すのは簡単ではないかもしれません。しかしそれができれば、子どもに素晴らしいファミリーヒストリーを残すことができるのです。その物語では葛藤だけでなく、たくましさや希望もテーマになるでしょう。

あなたは、不安を訴えて悲しんでいる子どもを助けることができるでしょうか。完璧な親はいないかもしれませんが、難しい状況を子どもと共に乗り切り、成長しようと努力する姿を子どもに見せることはできるはずです。

あなたの家族が、離婚を克服するファミリーヒストリーをつくることを願っています。それによってあなたの子どもは今後、人生のさまざまな困難を乗り越えられる能力を身に付けることができるでしょう。本書を建設的な共同養育の羅針盤とし、迷いから抜け出して、二つの家がある安定した家族を築いてください。

本書を読む時の注意点

一　「『壊れた家族』などというものはありません。家族は家族であり、婚姻届や離婚届、養子縁組の書類などで決まるものではありません。
家族は心で決まるものです」

——**C・ジョイベル・C**（『The Sun is Snowing』著者）

本書は幅広い読者を対象にしているので、必要に応じて自分の状況に置き換えてください。「夫婦」ではなく「カップル」や「パートナー」が当てはまるかもしれません。「別居」には、男女の別れと夫婦の離婚の両方が含まれます。「配偶者」より「パートナー」が当てはまる人もいるでしょう。LGBTQカップル、専業主夫、代理母もいますし、再婚家族や異母兄弟がいる家族もいます。養子や里子、多世代家族、ペットがいる家族もあります。本書の目的は家族の定義ではなく、両親が希望を持ち前進できるようにすることです。さらに疑問が生じた時には、共同養育コーチ、小児科医、児童精神科医、児童心理カウンセラー、弁護士などに相談してください。

なお本書では、具体例として私たちが支援した家族の事例を挙げていますが、プライバシー保護のため、名前や特徴などは変えてあります（訳注：本書は、子どもの権利を守る観点から離婚した父母に原則として共同親権を与える米国の離婚制度を基に書かれています）。

第1章　清算

なぜ「離婚」できないのか

感情のもつれで共同養育がうまくいかなくなることがあります。この章では、自分の気持ちと向き合い、「共同養育パートナー」として成長する方法を紹介します。これが簡単でないのは「夫婦関係は終わるが、子育てパートナーとしての関係は続く」という食い違いがあるからです。

嫌な相手とは離れられない

「愛」の反対は「無関心」です。「憎しみ」と「愛」はコインの表裏なのです。

ですから、あなたは元配偶者に傷つけられるほど、憎しみの強い力で元配偶者と結びつけられてしまいます。夫婦は別れによって、家族や経済的安定、アイデンティティー、将来、相手の家族や親戚、地域社会とのつながりなどを失いますが、それも憎しみの原因になります。

大切なのは、憎しみこそが元配偶者との「絆」になっていることに早く気付くことです。相手を憎み嫌うほど、相手と深く関わることになります。このパターンを意識し、何か言われても言い返すのを我慢すれば（たとえ自分が正しくても！）、前向きな共同養育関係をつくりやすくなります。

感情を抑えて、新しいチャンスに前向きに取り組みましょう。

別居は「変化という危機」です。家族関係、アイデンティティー、役割、生活の保障、将来の夢を全て変えながら、大事な決断をしなければなりません。一方で、別居は新たなチャンスになるかもしれません。何かを失い、変わることは、創造して強くなる機会でもあるのです。

あなたは別居によって暗い人生を送るかもしれません。恨み、憤り、怒りにとらわれると、再び人生を楽しむチャンスを失います。そうなっていることに気付いていない人もいます。人は明るい人生を送るか暗い人生を送るかを、自分で選んでいるのです。

子どももピンチに陥っています。子どもは親の助けがなければ、自分の感情にうまく対処できません。あなたがお手本となり、親の別居にどのようにして気持ちを整理すればいいのか、別居という変化の中でどうやって新たな希望を見つけるのかを教えましょう。

感情を抑えられる親は、子どもを支える能力も高いです。子どもは家で何が起きているかを親の様子から察し、これから何が起きるかを知ろうとします。乱気流の中を飛ぶ飛行機の乗客が客室乗務員の様子から状況を察するように、子どもも両親をよく見ていて影響されます。

子どもに隠す必要はありません。親が感情を隠すと、子どもは「悲しんでいるのは自分だけだ」と感じます。それは子どもにとってつらいことです。子どもは、親が自信や希望を持って立ち上がる姿を見て安心したいのです。簡単ではないかもしれませんが、親が自分の心をケアし、自分で自分を支える方法を知ることも大切です。

離婚する人とされる人

結婚と同じように、別れる時にも決断が必要です。別れの複雑なプロセス、つまり、別れるために何をするのか、どうすれば回復できるのかを考えましょう。夫婦はこれまで、毎日関わり合いながら将来を共に夢見てきました。隣で眠り、同じリズムで呼吸し、密接につながっていました。そのような深い関係を解消するために必要なことを挙げてみましょう。

- 結婚している場合は、法的な関係解消や離婚の成立
- 気持ちの上での関係の解消（時間がかかります）
- 肉体的・生理的な関係解消と、別居して心と神経を落ち着かせるための時間

・その他のつながり――例えば一緒にやっていたビジネスをどうするか。共通の人間関係があった場合、どちらがそこに残るか（場合によっては面倒なことになります）

大人の関係の解消は複雑なので、影響は広範囲にわたります。子どもがいる場合は、関係の解消と共同養育の関係づくりを同時にすることになるので、さらに大変です。

あなたは古い行動パターンを変える必要があります。お互いの関わり方や合意方法、対立の仕方、親しさ、呼び方、そして「何が自分たちらしいのか」を考え直すのです。本書は、子育てを「共同養育仕様」にするためのサポートをしますが、葛藤や喪失感、悩みを強く感じる人もいます。関係解消のスピードは、二人の間で異なるかもしれません。

別れを切り出した側は、数年前から気持ちが離れていたのかもしれません。しかし、切り出された側はそのことに気付きにくいものです。この意識の違いが苦痛の原因になります。特に、まだ離婚を切り出された側が戸惑っている間に、離婚を切り出した側が新たな恋人との関係を始めると、さらに苦痛は大きくなります。

離婚を切り出した側が相手の気持ちに配慮すれば、その後の共同養育関係を築きやすくなります。関係解消の重みを理解しましょう。配偶者や子どもは、まだ心の準備ができていないかもしれません。あまりに早く次の恋人をつくると、子どもや残された配偶者は見捨てられたと感じます。「頼りにしていた家族が今日はもういない」と強い苦痛を感じ、「自分一人で、砕け散った家族の後始末をしなければならない」と思うのです。

関係を丁寧に解消すれば、子どもは家族を家族だと感じることができます。
しかし、関係を突然解消すると、両親の対立ばかりが残ってしまいます。

あなたから関係を解消しようとする場合、相手と関わり、別れのプロセスを丁寧に進めれば、子どもに家族の一体感を示すことができます。しかし失敗すれば、家族の亀裂は大きくなります。この期間を上手に乗り切れば、次に説明する、元配偶者への「配偶者マインド」と、子どもへの「親マインド」をうまく区別できるようになります。

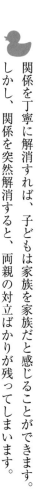

あなたは配偶者？ それとも親？

人の心に、テレビのようなチャンネルがあるとしましょう。そこに「元配偶者に失望し傷つけられたことを思い出すチャンネル」があるとします。このチャンネルに気持ちを合わせると、つらい気持ちでいっぱいになり、子どもに関心が向かなくなるかもしれません。これを「配偶者マインド」と呼びます。

他に「子どもが共同養育パートナーと遊び、学ぶ様子を見るチャンネル」があるとします。このチャンネルは、両方の親が子育てに関わることの大切さを教えてくれます。このように、子どもにとって良い親、つまり前向きな共同養育パートナーになるためのチャンネルを「親マインド」と呼びましょう。

「配偶者マインド」と「親マインド」の違いを意識しましょう。そうすれば、共同養育の邪魔をする自分の感情をコントロールしやすくなります。チャンネルを「親マインド」に合わせるよう心がけて、元配偶者と共同養育関係を築き、子どもの将来を支えるのです。

次に、自分が今、「配偶者マインド」なのか、それとも「親マインド」なのかに気付くようになってください。例えば「共同養育パートナーはフラニー（娘）の一番の味方だ。娘を定期検診に連れていってくれるのは本当に助かる」と考えるのは親マインドです。一方、「あんなことを私に言った元配偶者はもう信じられない」というのは配偶者マインドです。では「子どもには、元配偶者のような人間になってほしくない」という考え方はどちらのマインドでしょうか？

子どもの立場から見ると「配偶者マインド」と「親マインド」の違いが分かりやすいかもしれません。実は子どもは、親同士の関係自体にはそれほど関心がありません。子どもにとって大事なのは、自分が愛され、両方の親とつながっていられるかということです。

例えば、親が子どもの前で、もう一人の親の子どもへの愛情を疑うようなことを言い、大人の問題に子どもを巻き込むのは「配偶者マインド」です。「配偶者マインド」になると親は不快な気持ちになり、共同養育にもマイナスです。親は、配偶者とは違う自分なりの価値観を持つことも必要なのですが、それを子どもとの関係に持ち込むべきではありません。大人同士の問題は子どもに見せず、意見の違いを乗り越えて、子どもにとって何が大切なのかに集中しましょう。

あなたの価値観を子どもに教える時にも、子どもともう一人の親との関係を傷つけないようにしましょう。たとえあなたが正しくても、元配偶者と対立する様子を見せるのは子どものためになりません。また、あなたが言わなくても、子どもはいずれ、自分の両親の欠点を自分で判断できるようになります。子どもは親の遺伝子だけでなく、親の行動からも学んでいるからです。

子どもを愛し、育てるためにはもう一人の親も必要です。子どもは、二人の素晴らしい親に育てられるべきです。共同養育の強みに気付き、共同養育パートナーの努力や成功に感謝しましょう。そして「親マインド」で子どもと喜びを分かち合いましょう！

●●●

ある母親は気付きました。「ティムはパパに会えてとても喜んでいた。顔を見合わせて笑っていて、素晴らしかったわ」

ある父親は母親の才能を褒めました。「(娘のジルに)ママはいろんなことができるね。こんなすごい衣装を作れるなんて」。衣装を着たジルは得意気でした。

●●●

ポジティブな「親マインド」になると、「元配偶者の行動を肯定しなくてはならない」ように感じるかもしれません。「元配偶者を許さなくてはいけない」と。しかし、「親マインド」を意識するのは子どものため、そしてあなた自身の将来のためです。怒りやネガティブな感情をぶつけても元配偶者は変わりません。子どものために、喪失感や痛みを乗り越えましょう。

「親マインド」を意識しようとしてもできない場合や、元配偶者の存在すら我慢できない場合は、他の解決策、そして時間が必要かもしれません。まずは元配偶者との関わりを減らし、自分の心のケアを優先することが必要です。自分の限界も意識しながら前に進みましょう。

自分の気持ちを整える

「腹が立ち、メールも電話もしたくない。心臓がバクバクしてひどいことを言いたくなる。顔を合わせたくないから、子どもを相手に渡したくない。元配偶者も子どもも笑顔なのに、自分だけ人生の隅っこで取り残されている。子どもがいないと、何をしたらいいのかわからない」

こんな精神状態に覚えがありますか？　感情が刺激される相手と子育てをすることは難しく、再び傷つくかもしれません。回復中の心を守り、怒りを和らげ、疲れた体（普通はまともに寝られません）をリラックスさせる方法を使って、別居直後の数週間から数カ月を乗り越えましょう。

必要以上に元配偶者と関わらない

元配偶者とは共同養育に必要な接触はしても、必要以上に関わらないようにしましょう。子どもの近況を伝え、実務的なやりとりだけをし、余計な話題には触れないようにします。メールは子どもの様子を報告する週1、2回に限定します。共同養育専用のメールアドレスをつくるのもいいでしょう。心の回復には時間が必要です。時間がたつほど、共同養育パートナーとして友好的な関係を築ける可能性が高まります。急いで友好関係を築こうとすると、かえって回復に時間がかかり、感情的な「しこり」が残るかもしれません。

頭の中の「回し車」を止める

私たちは、習慣に左右されがちです。頭の中で「ハムスターの回し車」が回り始めると、思考も空回りします。昔のことを思い出して再び傷ついたり、怒ったりしていませんか。そんなことをしても何も生まれず、感情が削られ、別れた事実を改めて突きつけられるだけです。

そんな時には、気晴らしも試してみましょう。楽しい映画や音楽、散歩、筋トレ、仕事、友人との雑談などです。気持ちの整理にはタイミングも大事ですし、信頼できる友人やカウンセラー、離婚者向けのサポートグループも活用できます。

もしあなたが家の中やショッピングモールを歩き回ったりしているのなら、それは深く悲しんでいるからかもしれません。これを探索行動と捉える専門家もいます。失ったものを探しているという解釈です。それで不安が和らぐのなら、やり過ぎなければ害にはなりません。他の方法も試しましょう。「瞑想」を短い時間でも続けられれば、気分が良くなるかもしれません。さまざまな方法を試して、ネガティブな気持ちになりそうになったら、中断して別の方法も試しましょう。自分のこれからの生き方を決めるのは、あなた自身です。

大事なことだけできればOK

睡眠は大事です。眠っている間に体も感情も再生するからです。乱れた睡眠が続くと回復が遅れるので、早めに手を打ちましょう。健康的な睡眠習慣を続けてください。

寝る1時間前には電子機器の使用をやめ、SNSも控えましょう。運動は昼間にして、寝る前には前向きで想像力が高まる本を読みましょう。穏やかな音楽を聴くのもいいでしょう。ベッドに入ったらリラックスし、体がマットレスに支えられている状態をイメージしてください。

よく眠れない日々が続いたら、医師に相談しましょう。カウンセリングや瞑想、入眠導入剤などで質の良い睡眠を取り戻せます。十分に休めば前向きに子育てができます（飲酒は控えましょう）。

完璧を目指さず、なんとかやっていくことを目標にし、他人に助けを求めましょう。これまであなたは助ける側の人だったかもしれませんが、今は自分への期待値を下げ、自分の気持ちを感じて、限界を自覚しましょう。休む時間を取り、友人や家族を頼りましょう。

一方で子どもは、両親の別れに傷つき、怒り、苦しんでいます。全く問題がないふりをするのは逆効果です。子どもに「自分の気持ちもあなたの気持ちも大切にしている。もう少し時間がたてば立ち直れると思う」と伝えましょう。困難な時期であっても、自分は親として子どもをサポートし、愛し続けること、そして必ず状況は良くなることを伝えてください。

ミリー（9歳）と児童心理カウンセラーとの会話：「ママの家に行く時、一人で車から降りるのが嫌。でもパパはママに会いたくないって言うの」

児童心理カウンセラーと話した父親：「一人で歩いて行くのはつらいね。ここで見ているよ。パパも元気になったら一緒に玄関まで行くね。ママとの時間を楽しんで」

人を傷つける誘惑

別れたばかりの時期には、「他人にどう伝えるか」を考えておくことも必要です。家族、友人、隣人、同僚、知人などが親しい順に同心円状に並んでいるとイメージしてください。最も大切な人たちが中心にいて、次の輪に親友、次に仕事仲間や知り合い、専門家、上司、先生などがいます。そして一番外側には顔見知りや微妙な関係の人がいます。

不安になったら、信頼できる友人に心を打ち明けましょう。そのような友人には包み隠さず事情を話した上で「打ち明けたことは他の誰にも話さないでほしい」と伝えましょう。あなたの別居についてては、あなたから直接伝える方がいいからです。

この時期には「自分が配偶者にいかに傷つけられたかを多くの人に話し、自分の味方になってもらいたい」と考えてしまいがちです。傷つけられた人は、人を傷つけたい誘惑に駆られやすいものです。しかし、そのような衝動に負けないよう頑張ってください。

子どもは何が起きたかを知っている

子どもは驚くほど大人の会話をよく聞いています。あなたが電話中、子どもは宿題をしているふりをしながら、あなたの一言一句に耳をそばだてています。子どもには分からないように話したつもりでも、分かってしまうのです。子どもは両親の別れへの感情をうまく処理できず、恐れと不安でいっぱいです。大人の会話から子どもを守りましょう。

また、もしあなたの別居話が、あなたの友人の子ども経由であなたの子どもに伝わったりしたら、それは子どもにとっては屈辱的なことです。子どもの心を守ることを最優先にしましょう。

●●●

6歳の女の子：「私は何が起きているか知っているよ。寝ているふりをしていたけど、私はこっそり起きて1階に降りて聞いていたの。全然、気付かれなかったよ！」

15歳の少年：「近所では僕の家についてうわさが飛び交っている。親同士は何でも話しちゃうんだもの。パパがママについて言っていることは本当のことじゃないのに。ママが僕の試合を見に来て知り合いと話をするのが心配だな」

あなたの共同養育パートナーは、子どもを通して、あなたの家族やあなたの親しい友人とも関係を続けることになります。そのため、あなたと共同養育パートナーの関係は、子どもに直接影響するのです。皆が集まる行事の時などに大人たちがお互いにどのような態度を取るか――敵意むき出しか、それとも穏やかで中立の態度か――といったことも、とても重要です。

信頼できる友人を持ち、大人同士の会話を不用意に子どもに聞かせないようにしましょう。大人はよく他人の別れ話を話題にしますが、子どもは一度聞いたことを忘れないからです。

両親は、できれば他人に説明するための「別居のストーリー」をつくっておきましょう。子どもを困らせないように、新しい家族の形について周囲に伝えるためです。

子どもにとって親の別居は、幼い頃の記憶や経験という「糸」であって、ファミリーヒストリーという大きな「織物」の一部です。そこで語られる物語によって、子どもは自信やレジリエンス（困難から回復する力）を身に付け、人生の複雑さを理解するのです。

「別居のストーリー」はエレベーター・スピーチ（短時間での簡潔な説明）だと考えてください。近所の人、先生、カウンセラー、医師には必要なことだけを話せばよいのです。妙なうわさが広まらないように事実だけを伝えましょう。親戚に伝えれば、その友人たちにも伝わるでしょう。できれば元配偶者と話し合い、誰にどう説明するかを決めておきましょう。例を挙げます。

「残念ですが、私たちは別々の道を歩むことにしました。子どもには、私たちは二つの家がある家族になると伝えました。ブラッドは家に残り、ブレンダは近くのアパートに引っ越します。皆さんにも子どもを支えていただくことになるでしょう。あらかじめお礼を申し上げます。この難しい時期を乗り越えたいと思っています」

● ● ●

「別居のストーリー」は、有害な情報から子どもを守り、困難な時期を乗り越えて、希望に満ちた新しい家族をつくるためのものです。「子どもが真実を知るべきかどうか」ということについては、第3章を参照してください。

元配偶者から自由になるには

激しいやりとりになったら、まず深呼吸をしてください。離婚を切り出されたことに相手が怒っているのでしょうか。あるいは、離婚の責任の押し付け合いになっているのでしょうか。

非難をやめないパートナーと別居の手続きを進めるのは大変です。子どもがいたら、ほとんど不可能だと感じるかもしれません。メールに返信せず、子どもが病気になっても連絡せず、子どもの前でひどい態度をとる人と、一緒に子育てができるのでしょうか？

多くの親は、「これが共同養育なのか？」と疑問に思うでしょう。でも大事なのは「共同養育をするかどうか」ではなく「どうやって上手に共同養育するか」です。つまり、どのようにしてさまざまな問題を解決し、ストレスを乗り越えて、子どもの生活を安定させるかということです。

他人を変えることはできません。変えられるのは自分だけですし、あなたの元配偶者もあなたと同じように努力しているのかもしれません。次の5つの点を心がけてください。

1. 相手の非難が気になるのは、あなたにも多少は思い当たる節があるからかもしれません（そう考えたくはないかもしれませんが）。全く的外れな非難なら気にならないはずです。かつて愛した人から責められると、誤解を解こうと反論したくなるものですが、それで解ける誤解なら既に解けているはずです。改めて、離婚に対する自分の責任を振り返り、もしも可能であれば、相手に謝りましょう。まずはあなたの方から。
2. 火に油を注ぐことはしないでください。不適切な言動や行動はせずに、自分の指針に従ってください。難しい人が相手でも冷静さを保ち、子どもにお手本を見せてください。転んだら立ち上がってやり直しましょう。
3. 不適切で敵意のある相手の言葉は無視しましょう。相手の行為に注意を向けると、問題が悪化します。売り言葉に買い言葉で応じるのは、火に薪をくべるようなものです。

4. 子どもを中心に有益なやりとりを心がけましょう。相手の欠点を指摘したり、相手をコントロールしようとすると、相手の敵意をかき立てるだけです。

5. 必要な支援を受けることも考えてください。味方をつくるためではなく、自分の感情を抑え、子どものために問題を解決し、難しい相手と共同養育するためです。同じ立場の親たちのグループも役立ちます。弁護士は法的アドバイスをしてくれます。共同養育コーチは、コミュニケーション方法、子育ての悩みに助言をしてくれます。

元配偶者が反応してくれなくても、あなたは子どものためにベストを尽くしましょう。「他人を変えよう」と考えるのをやめれば、あなたは自由になれます。時間とともに元配偶者が落ち着きを取り戻し、共同養育パートナーとして子育てができるようになることを期待しましょう。

別れると、すぐに関係が良くなることを期待するかもしれません。しかし期待し過ぎると、その期待が外れた時にがっかりしてしまいます。

「悲しみの旅」の先にあるもの

悲しみを受け入れる方法に正解はありませんが、それが感情の深い部分に関わることなのは確かです。自分の感情に向き合い、内面を掘り下げて自分の立ち直る力に気付けば、回復が早くなります。この時期に心の中で起きることを見てみましょう。

信じられない気持ち：別居直後は、何も感じないことがあります。変わらない日常が続き、別れや別居の手続きをするだけです。なぜ他の人は別れることがそんなにつらいのだろう？とすら感じるかもしれません。

協力か交渉か：別居後、元配偶者と一時的に協力的な関係になることがあります。これが、別れを穏やかに進めたいという願いから生じたものであれば幸運です。しかし、多くの場合、この「ハネムーン期間」は、別れを避けたい親の希望と絶望が交錯する駆け引きの時期です。その親は「考え直してほしい、家に戻って関係を修復してほしい」と必死に交渉しているのです。

憤り、激怒：現実を受け入れられず怒りを感じるのは自然なことです。親は別居によって生じる多くの変化と喪失を前に、無力感にもさいなまれます。多くの場合、怒りの底には深い悲しみや嘆きがあり、激しい怒りは、後々まで続くことがあります。

悲しみ：悲しみは怒りよりも深くゆっくりと表れます。アドレナリンのエネルギーを伴う怒りとは異なり、悲しみは心に重くのしかかり、力や色彩を奪い、孤独と喪失感で満たします。涙もろくなり、集中力が低下し、将来への不安で眠れず、日常生活が困難になります。自分が機械的に動く「人間の殻」のように感じるかもしれません。

悲しみは「旅」のようなもの：悲しみは永遠に続きません。また一人で旅をする必要もありません。別れのプロセスは「感情の氷河」を横断するようなものです。信頼できる友人やカウンセラー、サポートグループと一緒に、ゆっくり進みましょう。共同養育コーチは「別居に慣れるには5年間は必要で、最初の2年間は特に重要」と考えています。怒りや悲しみの「クレバス」に長くとどまりすぎないようにしてください。過去を思い出したり、怒りや恨みが強くなったりしたら、誰かに助けを求めてください。

旅の終わりにある「受容」：悲しみの先には受容という未来があります。そこにたどりつけば、厳しい旅にも意味があったと思えるでしょう。まっすぐな道も正しい道もありませんが、いつかそこにたどりつけることを願っています。同時に許す気持ちも生じるかもしれません。

謝罪は自分の心を癒やす特効薬

謝っても許されるとは限りません。ではなぜ謝ったり許したりする必要があるのでしょうか。別れとはつまり、相手を適切に愛せなかったということです。愛せなかったのか愛を知らなかったのか、あるいはどちらか（または双方）に責任があったのかはわかりませんが、多くの別居は、相手への約束を果たせなかったために起きます。

あなたは「自分は悪くない」と思いますか？　それとも罪悪感でいっぱいですか？　どちらにしても、謝ることは必要です。「ごめんなさい。私はあなたが望むような形で愛することができませんでした。あなたが望む人間になれませんでした」と。他にも、カップルに特有の事情で謝る必要があるかもしれません。相手への思いやりと共感を持ち、双方が謝ることが理想です。

謝罪は自分の心を癒やす特効薬です。離婚が相手のせいだったとしても、相手がこれまであなたの生活を豊かにし、家庭に貢献するために努力してくれた時期はあったのではないでしょうか。そのことに気付いて相手に謝ることができれば、あなたはバランスの取れた人生観に一歩近づきます。その結果、自分の傷ついた心も癒やされるのです。

人は100%善人でも、100%悪人でもありません。自分の至らなさも認めて、元配偶者に謝ることができれば、怒りや敵意の壁を取り払うきっかけになります。

相手を許せますか？ 許す必要がありますか？ 相手は期待する通りに謝ってくれるでしょうか？ 自分は相手が望むように謝ることができるでしょうか？ 許すのは簡単なことではありません。「私は去った相手を許せるのだろうか？」「私は自分自身を許せるだろうか？」と考えてみてください。

「許す」というのは、相手に同意することでも、相手が正しいと認めることでもありません。自分も相手も不完全な人間であることを認めることです。

人は後悔をやめて未来に進もうとする時に、相手を許せるようになります。未来を意識した瞬間、暗い炭鉱で金を見つけたかのように、貴重な教訓が得られるかもしれません。それは知恵や思いやりの心、自分自身を理解する力などです。とはいえ、多くの親は、別居の経験から学んだことに気付くまでに、数カ月から数年はかかるかもしれません。それはやむを得ません。

状況が落ち着いたら、幸せな子どもを育てるという目標を思い出してください。そうすれば、あなたは地に足をつけて自分を受け入れ、相手を許せるかもしれません。最終的に相手を許すかどうかは、あなた次第です。

第1章のまとめ

・ファミリーヒストリーをつくり、未来をデザインするのはあなたです。
・自信を持ち、回復するあなたの姿が、子どもにとってのファミリーヒストリーとなります。
・親が別居しても、親と子どもの感情的なつながりはなくなりません。
・自分の感情を理解し、うまく付き合うことで、前に進むことができます。
・カップルの関係を解消するために、一生懸命努力しましょう。
・共同養育の土台をつくるために「配偶者マインド」と「親マインド」を区別しましょう。
・心身共に回復できるように、感情の引き金や怒りについて理解を深めましょう。
・自分と元配偶者の気持ちを理解しましょう。子どもに与えている影響を考えましょう。
・相手を許した時に、自分の心が落ち着くかどうかを考えてください。

・子どものために、離婚後の子育てを共同養育ビジネスと考え、元配偶者と協力しましょう。今すぐにはできなくても、数週間、数カ月、数年後にはできるかもしれません。あなたが努力して成し遂げることに意味があります。子どもと話し、家族が新たな関係をつくれるようにしましょう。あなた自身が日々成長し、回復していることを子どもに伝えましょう。

第2章

目標

「完璧な親」を子どもは求めていない

一つ屋根の下での子育てが終わり、二つの家で子どもを共同養育する生活が始まります。別居の影響を考えながら、慎重に子育てスキルを磨きましょう。二人の親が子育ての目標を共有して協力すれば、子どもは健全な成長に不可欠な子ども時代を問題なく過ごせます。

親の権利を主張して争いますか？ それとも子どものために協力しますか？

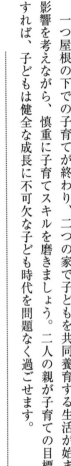

子どもを置き去りにしない

あなたが別れを求めた側なら、あなたは既に気持ちの整理がついているかもしれません。でもどうか、どうか、どうか、子どもはまだ気持ちが整理できていないということを忘れないでください。あなたの元配偶者も、その点では子どもと同じかもしれません。新しい生活に向かうあなたと、家族の終わりを受け入れなくてはならない子どもとの間には、大きな溝があります。子どもは親に置き去りにされるはずはないと信じ、あなたが手を差し伸べるのを待っています。

ハイキングの時、遅い人にペースを合わせるのは、けがや事故を防ぐためです。同様に別居時には、あなたが子どもの気持ちにペースを合わせてあげないと、子どもの心は深く傷つきます。

別居で大変な思いをしている親は、怒り、恐れ、不安を感じ、涙を流しながら疲労困憊の状態で子育てをしています。心配事は尽きず、時には押しつぶされそうな気持ちになります。そのため、子どもにまでなかなか気が回らないかもしれません。その場合でも状況が良くなると信じて、カウンセラーや友人、支援グループのサポートを受けて自分をケアしながら、子どもには優しくしてあげてください。時間がたち、現状を受け入れると心は少しずつ回復していきます。

「子どもを元配偶者に会わせたくない」

別居によって、親は強いストレスを感じます。配偶者を失った悲しみを抱えながら、今までと違う方法で、動揺している子どもを世話しなければならないので、どんな親でも疲れ果てます。その時の親の感情は、子育てにどのように影響するでしょうか。

恐怖心：恐怖心が強い親は、日常生活に不安を感じ、常に子どものそばで状況をコントロールしようとします。子どもとの健全なけじめのある関係が崩れ、友人のような関係になります。子どもに嫌われるのが怖いためです。そして子どもの言いなりになってしまいます。

怒り：子どもに対して感情的になり、暴言を吐き、イライラすると、親は自分が嫌になって子育てがうまくいかなくなります。疲れが加わると気分は落ち込み、怒りは無力感に変わり、全て投げ出したい気持ちになります。

悲しみ：親は深く悲しむと自分の心に引きこもります。子どもに気持ちが動かず、意欲や細部へのこだわりもなくなります。親の悲しみが深く長引くと、子どもは「自分が親代わりになって親や兄弟を世話しなければ」と考えるようになります。

罪悪感：親が「自分が子どもをつらい目に遭わせている」と考えると、子育てに必要な決断力が鈍り、腫れ物に触るように子どもと接するようになって、結果的に甘やかしてしまいます。

ジェットコースターのように気持ちが揺れ動く中でうまく子育てをするには「自分を客観的に見ること」が必要です。自分の行動を観察し、感情的になったり焦ったりしていないかを自分で確認しましょう。簡単な夕食を作り、子どもと一緒にソファでくつろぎ、状況が良くなることを信じましょう。子どもがどのように親に愛されたいか、どのように自立したいのかを考え、望ましい家族の関係を考えましょう。

リラックスして、楽に呼吸ができるようになれば、あなたも「80点の親」の仲間入りです。

●●●

タミーは、コールが幼稚園に入るタイミングで仕事に復帰しました。タミーはコールが生まれてからアデルとの夫婦関係に悩み、二度カウンセリングを受けていましたが、効果はありませんでした。夫婦関係のストレスからアデルはタミーと距離を置き、子育てから遠ざかっていきました。

コールが小学3年生の時、タミーはアデルから別居したいと告げられ、ショックを受けました。そしてアデルの行動がコールに悪影響を与えると考え、「自分がコールと同居し、アデルとは隔週末だけ会うのがいい」と伝えました。これにアデルはショックを受け「タミーは自分勝手だ」と感じました。アデルはタミーと別れたかったのであって、コールと別れたかったわけではないからです。

二人は子どもの養育時間の分担について何度も話し合いましたが、合意できませんでした。アデルは別居すれば対立が減ると考え、家を出ることにしました。長期的な子育てプランを立てたいと考えたのです。

タミーは離婚を恐れていました。一方でアデルはコールを失うことを恐れ、別居したことに罪悪感がありました。そのためコールが家に来た時は、ゲームやテレビの時間を自由にし、勉強時間や寝る時間を守らせないなど、甘くなってしまいました。

タミーが「アデルは子どもに甘い」と批判したので、タミーとアデルの対立は激しくなりました。タミーは「アデルはルールを守らせられない親だ」と主張しました。父母の対立に気付いたコールは、父親のもとに行くのを嫌がるようになり、タミーは「コールがしたいようにすればいい」と言いました。

コールは母親に従い、父親の家に行かなくなりました。アデルは、法律で決められる養育スケジュールを守るように求めて「タミーのせいで息子は自分を嫌うようになった」と非難しました。

二人の子育ての姿勢がどのように変わったかを振り返ってみましょう。最初はアデルがコールに甘く、それをタミーが批判して対立が深まりました。コールは両親の対立を避けるために、父親の家に行かなくなりました。すると今度はタミーがコールに甘くなりました。タミーは養育スケジュールを守らせることができず、子どもに任せてしまったのです。

このようなシーソーのような親の姿勢の変化は、お互いに相手に対応した結果ですが、コールはその間で取り残されていました。

タミーとアデルは共同養育のコーチングを受け、自分たちの感情が判断を狂わせているのに気付きました。タミーは「別居を切り出したアデルは罰を受けるべきだ」と感じて「アデルと息子が過ごせる時間を制限したい」と考えていましたが、そうするとコールが罰を受けることに気付きました。

アデルは、結婚生活の不満から家族から遠ざかっていたことを認めました。良い父親ではなかったことを反省し、これからは養育時間には親の責任を果たすと約束しました。

タミーとアデルは、コールにとっては両方の親が重要であることに気付きました。そして、養育スケジュールに合意し、共同養育の目標を設定しました。コールがどちらの家にいても連絡を取り、親としての責任を果たせるようにしました。

コールは「二つの家がある家族」でやっていけると安心し、勉強時間や就寝時間について文句を言いながらも、両方の家での生活に慣れていきました。

●●●

子どもに必要なのは「理想的な親」ではありません。自分を思いやり、間違いを修正する勇気があり、愛情深く成長する「現実的な親」です。二つの家での生活に慣れるのは簡単ではありませんが、「この状況を乗り越えられる」と自分や子どもに語りかけながら良い子育てを続けてください。親として子どものそばにいるために、専門家や周囲のサポートを受けてください。

親の感情があまりにも不安定だと、親子の立場が逆転することがあります。

別居時に、親の不安が子どもに影響することがあります。子どもは精神的に不安定な親を見ると、他方の親に見捨てられたのだと考えます。

親の苦しむ姿は子どもにとってつらく、恐ろしいものなので、時には長男が母親を救うために、父親の代わりに「一家の主人」として買い物や兄弟の世話をし、母親の話し相手になることがあります。また、娘が父親を心配して、自分の習い事をやめてしまったりすることもあります。

しかし、子どもは親の保護者でも友達でもありません。子どもが親の代わりをしようとしても、そうさせてはいけません。親は自分のことは自分でケアし、子どもが子どもらしい生活を送れるようにすべきです。

大人が子どもの世話をします。逆ではありません。それがルールです。

「あなたに子どもの世話ができるの?」

「この子を育てるのは私のフルタイムの仕事です！」「半分だけ子育てをするために子どもを持ったのではありません」「この子は私がいつでもそばにいないと駄目なんです」「あなたが別居したくても、私から子育てを奪うことなんてできません」

● ● ●

これらは、長年子育てに人生をささげてきた親たちの言葉です。彼らはキャリアや勉強を後回しにし、子どもと一緒に過ごすことを大切にしてきました。専業主婦・専業主夫にとって、別居は単なる変化ではなく、アイデンティティーの危機です。なぜなら別居は、子どもの遊び仲間、ＰＴＡの知り合い、水泳チームの仲間との付き合いにも影響を与えるからです。これは一種の「転職」のようなもので、別居によって子どもとのつながりまで失ってしまうように感じます。

主に子育てを担ってきた親は、共同養育が始まる時に感情的になりがちです。子どもを守ろうとするあまり、権威的で頑固になり、親の役割を超えてしまうのです。親は「門番」として子どもを守りますが、他方の親と子どもとの関係の邪魔をすると、共同養育はうまくいきません。

両親は、子どもの幸せを願う点では同じですが、養育時間の分け方について同じ考えだとは限りません。共同養育を成功させるには、話し合って協力し、愛情深く子どもを育てること、相手に寛容であること、そして二つの家で子育てができると信じることが必要です。

子どもにとって大事なのは、家が一つか二つかではありません。愛情を注いでくれる二人の「80点の親」がいるということです。

一方で、これまで子どもの世話を配偶者任せにしてきた親は、他方の親から「子どもの世話なんてあなたにできるの?」と言われるかもしれません。「時々子どもを見ていただけじゃわからないでしょう」と。相手は、あなたが子どものお弁当や検診の内容について何も知らないと思っています。実際に今はそうかもしれません。しかし、あなたもその気になればできるはずです。今まで人生のさまざまな事を一人で対処してきた大人なのですから。

どうすれば両者の間の亀裂を埋めて、お互いを公平に見ることができるでしょうか。

ここで、配偶者への感情は、親子の感情とは区別するべきであることを思い出してください。親子関係は大切で神聖な絆です――それがたとえ完璧なものでなくても、あなたと元配偶者はお互いに、相手と子どもの絆の大切さを認めなくてはいけません。

これまで子育てに専念してきた親にとって、別れのプロセスには「延長戦」があります。それは、就職、勉強、新しい趣味などの新たな人生の目的を見つけることです。そうすれば柔軟に共同養育ができるようになります。元配偶者と良好な関係を保ち、子どもが共同養育に慣れるようにするには、あなたが手放して、その悲しみを受け入れる必要があるのです。

また、これまであまり子育てをしていなかった親は、他方の親の気持ちを尊重しながら話し合ってください。子どもの世話をし、合意したルールを守り、主張をし過ぎず、子どもの状況を適度に伝えましょう。子育てに関して相手が常に正しいわけではありませんが、相手がこれまで献身的に子育てをしてきたことに感謝すれば、二人の関係にプラスになるでしょう。

情報共有の進め方

家族が一緒に住んでいる家庭では、両親は役割分担をすることがあります。子どもの世話をする役、お金を稼ぐ役、などです。それぞれの得意分野や好みに合わせて役割を決めますが、分担の不公平感によって結婚が破綻することもあります。

離婚後の共同養育では、この役割分担は難しくなります。子育てが苦手で、配偶者にほとんどの子育てをしてもらっていた親は、別居後に子育てに苦労するかもしれません。「どこへ行っても問題からは逃げられない」ということわざの通り、別居は「もう育児はしない」ということではありませんから、子育てについて学ぶ必要があります。これからは、育児の細かい仕事を引き受けてくれる人はいません。自分の夕食をピザだけで済ませたい時に、子どもに必要な栄養を与えてくれる人はいないのです。

別居は、大人にとっては親密な関係の終わりですが、子どもにとっては家族の終わりではありません。両親は別居した後も子育てをします。

離婚前は、一方の親が率先して子育てをしていた家も多いでしょう。その親は子どもの毎日の習慣や好き嫌いなど、他方の親が知らないことを知っています。その情報を相手に伝えましょう。その時、知っていることを比べたり競ったりして、相手の面目をつぶさないようにしましょう。

●●●

ゴードンとルーはホンジュラスの孤児院から双子の男の子を養子に迎えましたが、当初、発達の面で問題がありました。二人は話し合い、双子が学校に入るまではゴードンが世話に専念することを決めました。ゴードンは治療を管理し、世話をする方法を学びました。そして双子は正常な発達に追いつきました。その間、ルーはフルタイムで働き、平日の夜や週末に双子と過ごしていました。

別れることを決めた時、ルーは自分もゴードンのような親になりたいと思い、ゴードンに助けを求めました。ゴードンは、双子とルーの関係が続いてほしいと思う一方で、怒りも感じ、自分がメインの養育者であるべきだと感じていました。双子のためにいつも一緒にいたのはゴードンだけだったからです。ルーは双子の健康診断や言語療法の授業に一度も参加していませんでした。ゴードンは不公平だと感じました。「これまでの自分の苦労は何だったのだろう？　今は双子が順調に成長しているけど、ルーは私が苦労した結果だけを楽しむのだろうか？」

双子と面談した児童心理士は「双子は両親の別居を理解していますが、両方の親と過ごせるよう、両方の家に部屋とおもちゃを用意してほしいと思っています」と説明しました。双子が心配しているのは、「両方の親と十分な時間を過ごせるかどうか」でした。これがゴードンの心を動かしました。

ゴードンは、ルーが育児をしなかったことを恨んでいました。しかし「ルーを双子の人生から遠ざけていいのか？　ルーが育児をしてくれるなら、それが子どもにとっては一番良いのではないか」と考え、共同養育に踏み切りました。彼はルーに情報を提供し、これまで一人でこなしてきた育児を分担しました。ルーが一歩を踏み出し、ゴードンは一歩下がったのです。二人は協力して、共同養育の関係をつくりました。

●●●

別れた両親が共同養育について話し合う時は、子どもの基本情報を共有し、仕事を分担しましょう。中学校入学の書類記入などはどちらかがしてもよいのですが、学用品の購入、健康診断や歯科受診などは分担できます。成功のポイントは、「子どものために何が良いか考える」「相手に敬意を持って話し合う」「合意した内容を明確にする」ということです。

冒険好きな親と慎重な親

子育てでは、子どもを親から離してさまざまな経験をさせることも必要です。これは「へその緒」を優しく切り離す「子離れ」ですが、この点に関して両親の考え方は必ずしも一致しません。ある親が過保護で、他方の親が冒険心旺盛でリスクを厭わない場合などは、お互いに相手のやり方に不安を感じることがあります。

別居の時期にこのような違いの溝が広がることは、子どもに良くありません。自分のやり方を押し通したいという気持ちを我慢して、お互いに妥協点を見つけるように努力しましょう。自分と違う点を、批判せずに相手の長所として受け入れる心の余裕を持ちましょう。

両方の親が子育てに関わることは、子どもの心身発達にプラスになります。両親が一緒に住んでいれば、親の関わり方は柔軟ですが、二つの家がある場合は、親はそれぞれ決められた養育時間中に、子育てに積極的に関わる方法を見つけなくてはいけません。

そのために大事なのが、子どもが両方の親と、その親とでしか築けないような関係を築くことなのです。ある親は子どもと感情的なつながりを築き、他方の親は知的な刺激を与えるかもしれません。また、ある親は勤勉さと忍耐力を教え、もう一人の親はリラックスして楽しむことを教えるかもしれません。一方の親は本を読み聞かせ、もう一方の親は一緒にテレビでボクシングの試合を見るかもしれません。それぞれのスタイルはどちらもユニークであり貴重なのです。

両方の親と深く関わる経験ができる子どもは幸運です。それぞれの親が子どもに大切なことを教え、意味のある人生経験を与えてくれるからです。

また、親にとっては不本意かもしれませんが、子どもは親の弱点や短所からも学びます。親は完璧でなくても「80点の子育てができる親」なら十分であって、どんな家族にも多少は問題があるものなのです。また、家族がその問題をうまく乗り越えることができれば、子どもは困難を乗り越えたという自信を持って大人になることができます。

つまり、「80点の両親」が手助けをすれば、子どもは親の別居を乗り越えられるのです。子どもは、あなたが別居の困難を乗り越えて元配偶者とやりとりする様子を観察しています。そしてそこから人間関係や家族、寛容さなどについて一生の学びを得るのです。両親が協力して共同養育をすれば、子どもは子どもらしい生活を取り戻すことができます。

共同養育をする親が忘れがちなこと

・「完璧な親」「完璧な家族」「完璧な家」を、子どもは求めていません。

・子どもの健やかな成長のためには、両方の親が子どもと関わり、親子の強い絆を保つことが大切です。両親だけで解決できない場合には、専門家に助けを求めましょう。
・子どもは、二つの家がある家族の一員であると感じられれば、心身ともに健康に育ちます。
・完璧な親になる必要はありません。両親がそれぞれ、できることをすればよいのです。
・最も避けるべきなのは父母が対立することです。お互いに敬意を持って話し合いましょう。
・悲しみを乗り越えて、元配偶者の長所と短所を、先入観を持たずに受け入れましょう。
・あなたはこれらのことができるはずです。子どもを愛しているのですから！

元配偶者を「味方」につける

両親がお互いに腹を立てるのをやめて、協力的な共同養育パートナーになることがどれだけ大切か理解していただけたでしょうか。共同養育を始める時、感情を抑えられずに子どもを取り合ったり、相手のミスを批判したりするかもしれません。「正しいこと」を押し通すために争うこともあるでしょう。本書は、そのような衝動を乗り越え、自信を持って共同養育の関係を築くサポートをします。簡単ではありませんが、達成する価値はあります。

親は、見返りを求めずに子どもを世話し、自分より良い人生を送れるよう願って愛情を注ぐものです。共同養育ではこれを、愛情がなくなり、協力できそうにない相手と一緒にする必要があります。そのためには、元配偶者を敵と思わずに、共同養育パートナーという味方だと考えましょう。家を二つにして、対立とストレスを避けながら、両親が子どもと関わるようにするのです。

共同養育は「ジョイントベンチャー」

別居した親同士はさまざまな点で意見が合わないこともありますが、子どもの幸せを最優先にするという点に関しては一致しています。この一致点を利用し、二人で「別居後に協力して子どもを育てる」というジョイントベンチャー（共同事業）の目標を設定してみましょう。

「共同養育事業」の目標例

- 子どもが、愛され、話を聞いてもらえ、応援されていると感じるようにします。
- 子どもがストレスを感じたり、壁にぶつかったりした時に、二つの家が子どもの安全な避難場所になるようにします。
- 子どもが子どもらしくいられるようにします。私たちは子どもの世話をしますが、子どもに自分の世話はさせません。私たちは子どもから頼られる存在になるよう心がけます。

- 子どもが教育や課外学習の機会を利用できるようにし、金銭面でサポートをします。
- 頭脳明晰でたくましく、責任感があり、社会に良い変化をもたらすことができ、自分を信じられる子どもを育てます。
- 家族や精神的健康、絆を大切にし、子どもが両方の親の家族と関係を保てるようにします。
- 子どもが両方の親と良好な関係を保てるよう、全力を尽くします。そして、他方の親と子どもの関係もサポートします。

両親が設定する目標にはさまざまなものがあります。重要なのは、子どもが大人になるまで通用するような共同養育の「基本方針」を、両親が時間をかけて考えることです。

今後、子どもには高校卒業、仕事での成功、婚約、出産、死別などのさまざまな人生の節目が訪れます。これらを支えるための基本方針を、今こそ決めましょう。そして、基本方針を実現するための具体的な目標を考えましょう。

あなたは目標達成のために何をすべきか

あなたの共同養育の目標を書き出してみましょう。「目標達成のために自分は何をすべきか？」と考えてみてください。それぞれの目標の下に、あなたがすべきことをメモしておきましょう。

できればあなたの共同養育パートナーにも同じように書いてもらって、互いに共有しましょう。

二人の目標をリストにまとめて、共同養育計画書と一緒に保存し、いつでも自分たちにとって本当に大切なことが何かを思い出せるようにしましょう。これはお互いに競争するためではなく、力を合わせて、子どもにとってベストな環境をつくるためのものです。

第2章のまとめ

- 家が一つでも二つでも、子育ては長く続く大切な仕事です。自分の感情をコントロールできるかどうかによって、子育てのやり方や、共同養育パートナーとの関係が変わります。
- 元配偶者とうまく共同養育をするには、同居していた時のやり方にこだわらず、元配偶者にも積極的に子育てをしてもらうための心の余裕と、寛容さが必要です。
- これまであまり子育てをしていなかった親も、共同養育が始まれば、養育当番となる時間中は、子どもの世話を一人ですることになります。
- 「完璧な親」や「完璧な共同養育パートナー」になる必要はありません。「80点の子育て」で、子どもが両方の親を自由に愛することができるようにすればよいのです。ただし、元配偶者との対立はできるだけ減らすようにしましょう。
- 元配偶者を敵ではなく、仲間（共同養育パートナー）だと考えて、一緒に子育てをすることが必要です。

・別居前の習慣を続ければ、子どもは変化に慣れやすくなります。子育ての基本は、整えること、愛情をかけること、年齢に応じた責任を持たせること、そして適切な指導をすることです。

・共同養育の目標は、別れた両親が共同養育に取り組む時の指針となります。

第3章 倫理

「浮気したの？」と聞かれたら

──「『死が二人を分かつまで』という結婚の誓いは、共同養育のことでした」

共同養育する親は、まず、両親の感情的な対立から子どもを守ることに取り組むべきです。大人の問題は子どものせいではありません。子どもを自分の味方として利用しようとはしないでください。子どもに「どちらかの親との関係を諦めなければ」と思わせないようにしてください。

両親が離婚しても子どもは親と「離婚」しません。親は、子どもが親の離婚を乗り越えられるように手助けしなくてはいけません。その際に、完璧な家族や、完璧な共同養育スケジュールを目指さずに、80点の子育てができればよいと考えましょう。

何歳の子どもなら親の別居に耐えられる？

別れのプロセスの間も、私たちは日々成長し、進化します。

「何歳の子どもなら親が別居しても大丈夫ですか？」と聞かれます。どの年齢でも子どもは別居に慣れますが、対応方法は子どもの認知能力、倫理観、年齢、友人関係、気質や性格などによって変わります。どの年齢にも、有利な点と不利な点があります。

・乳児期の子どもに大事なのは、養育者との愛着関係です。両親が穏やかな雰囲気の中で愛情を持って子どもに接していれば、二つの家で十分に育てられます。

・幼児期の子どもは、親とくっついたり離れたりしながら自意識を高めます。両親と定期的に接触すれば、子どもの健全な成長・発達を支えることができます。

・幼稚園児は「親を失うのではないか」という不安を抱き、悲しみや恐怖を感じます。それぞれの親と会うスケジュールを説明して、二つの家に安全基地を用意します。

- 学齢期の子どもは家族を失うことを悲しみ、正義や公平性において不満を感じます。その考えを認めつつ、両親が今後も子どもに関わることを説明して安心させましょう。
- 9歳から12歳までの子どもは、青年と子どもの間で葛藤しています。スケジュールやルールに基づいて監督して、不安定なこの年齢の子どもを支えましょう。
- 10代前半の子どもは、両親の別居に、裏切られたと感じることがあります。子どもが気持ちを話せるようにすることも必要です。また、「自分のせいで家族が壊れたのではないか」と心配させないよう、家族のルールを説明してつながりを保ちましょう。
- 10代後半の子どもは、共同養育ルールの抜け道を探し、油断すると、親の目が届かなくなります。コミュニケーションを心がけ、勉強や課外活動などについて話し合いましょう。
- 大学生は、両親の別居に強いショックを受けるかもしれません。自立した直後にその土台が壊れたように感じるでしょう。子どもには「新しい家族をつくり、帰省の方法も決めるから心配しないで」と伝えましょう。子どもにストレスがかからないようにしましょう。
- 親の別居に最も厳しいのは、成人した子どもかもしれません。「なぜ今まで続いたんだろう?」と思う子どももいるでしょう。親という安全基地を失ってがっかりすることもあるので、親子の1対1の関係に集中して、前向きな気持ちを共有しましょう。

子どもが何歳であっても、大切なのは子どもへの愛情です。愛情の上に共同養育の仕組みをつくり、子どもの学校活動や遊び、友達関係に親が関わって、責任感と規律のある子育てをしましょう。

子どもに最も必要なこと

子どもに最も必要なのは、両方の親を愛し、両方の親から愛されていると感じることです。言葉と行動で愛情を伝え、共に時間を過ごしましょう。両親とそれぞれ時間を持つことが大切です。子どもの年齢に応じて説明をすれば、状況が分かった子どもは安心します。

では、離婚を説明する時に、子どもが両親への愛情や尊敬を失ったり、「自分のせいで親が離婚したのでは」と悩んだりしないようにするには、どうすればいいでしょうか。

親が言っていいこと・駄目なこと

両親が気持ちを落ち着け、協力して新しい家族をつくることを伝えれば、子どもは安心します。

ある母親は別居に反対だったので、子どもに「自分も別居に同意した」と言うべきかどうか悩んでいました。彼女は、子どもにうそをつきたくなかったのです。

彼女の心配や考え方、真実の重要性は分かります。しかし、子どもが離婚の原因を理解するのはまだ無理です。成熟した大人の感情を伝えても、子どもの気持ちを支えることにはならないのです。

子どもにとって大事なのは、両親の関係性というより、子の親としての関係性です。

最終的に彼女は、別居については父親と一緒に子どもに話すことにしました。いつか、大人同士の関係について、子どもに説明できる日が来るかもしれません。父子の関係を損なわないよう、子どもの年齢に応じた適切な方法で。

大人の問題を子どもに伝える必要はありません。親子関係を傷つけたり、誰かに恥をかかせたり、混乱させたりすることを言ってはいけません。

親の子どもへの「説明責任」

「パパとママは別居することにしたの。一緒にいると元気でいられないの。でもこれはあなたのせいじゃないよ。パパとママは一緒に住まなくなるけど、二つの家はどちらもあなたの家だから、あなたはどちらの家にも行ける。パパもママもあなたを大事に思っているし、二人で協力して見ていくからね」

「ママの言う通りだよ。ごめんね。でも、あなたは今まで通り学校に通えるし、友達とも遊べる。ママかパパが必ずそばにいて、読み聞かせや宿題を手伝うよ」

親の離婚に直面している子どもは、頭の中でファミリーヒストリー（序章参照）を描いています。今からでも遅くありません。親の別居を前向きに捉えられるよう、もう一度子どもに説明しましょう。ファミリーヒストリーとして子どもに何を記憶してほしいか、あなたの希望を話してください。

子どもに別居を説明する時の6つのポイント

・別居は大人同士の問題で、二人は今後、共同養育パートナーとして協力して子育てをします。
・子どもは別居の原因ではありません。親は子どもとは別れません。
・大人としての意見と、子どもに対する説明は区別します。子どもの前でもう一方の親を「悪い人」「無責任」「家族を壊した」と非難したりしません。
・両親が別居しても、二つの家で生活する家族であり続けることが、子どものためになります。
・子どもは、両親が試練を乗り越えて自分を支援してくれると、元気づけられます。
・両親と一緒に乗り切れるという安心感が、子どもを守ります。

別居後1年間は、以上のポイントを何度も思い出してください。子どもは「前のようにみんなで一緒に暮らしたい」と言い出すかもしれません。子どもが気持ちを整理できるようにしてあげてください。これからも両親が一緒に子どもの世話をすると優しく説明しましょう。

まだこのように考えるほど冷静になっていなければ、「そう考えているふりをする」だけでも結構です。時に共同養育パートナーに譲ること、あるいは逆に自分が率先して何かをすることも必要かもしれません。全ては、子どもの利益を最優先にするためです。

親が別居する時に多くの子どもが抱いている希望は、次のようなものです。

・両方の親と一緒に楽しみ、学びたい（逆に嫌なのは「片方の親を愛すると他方の親が傷つく」「何かを秘密にするよう言われる」「親によって話す内容を変えなければならない」こと）。
・親に気持ちを話して慰めてもらいたい（親が慰められてはいけません）。
・親は怒ったり落ち込んだりせず、自分で自分をケアしてほしい。生活必需品は用意してほしい。
・日常生活や学校生活、スポーツや習い事などの課外活動を、これまで通り支えてほしい。自分の年齢では決められないようなことを決めさせないでほしい。
・子どもの世話について親同士でけんかしたり、ミスしたりしないよう、親同士できちんと連絡を取ってほしい。両親の間に入って大事なことを伝える役目はしたくない。
・誕生日などの特別な時間は、できるだけ両親と一緒に過ごしたい。その時、親同士は仲良くするふりをするだけでなく、もし可能なら本当に仲良くしてほしい。

子どもは筆者にこんなことを話します

「パパが悲しそうにするから、ママの話はできない」
「パパとママの間に自分が入って連絡しないといけないから疲れる」
「親の離婚のせいで、人生でやりたいことが全部駄目になった」
「ママが心配だから、ママには自分の悲しい気持ちを話せない」

子どもが自由に話せるよう、愛情を持ってコミュニケーションを取りましょう。まずあなたが自分の気持ちを落ち着かせた上で、「親の心配はしなくていい」と子どもに伝えてください。そして、もう一人の親を堂々と愛してよいことを子どもに伝えてください。家で子どもが心を落ち着かせ、愛情を感じられるようにしてあげてください。

なぜ子どもは本音を言えなくなるのか

共同養育をする両親は「どちらが子どもの気持ちを知っているか」を無意識に競うことがあります。また親は、離婚で失った配偶者との関係を、子どもとの関係で埋めようとすることもあります。

急に親から関心を向けられた子どもは、親が望む姿を演じようとします。

「パパは、ママが悪いって言うんだ。パパと一緒にいる時には僕もパパもよく泣くけど、ママと一緒にいる時は泣かない。だからママの家の方がいいな」

●●●

このように、大人が聞きたいことを子どもが言うのは、親に同調しているからかもしれません。子どもは親との対立を避けてその期待に応えようとします。これは健全な親子の間でも見られることです。しかし、両親が対立している時には、これによって子どもがそれぞれの親に違う顔を見せることになるので、次の問題も生じます。

1. 子どもがそれぞれの親の考えに合わせようとして、本当の気持ちを話せなくなる。その結果、子どもは誰にも気持ちを言えず、対立する両親の間で孤立する。
2. 子どもがそれぞれの親に合わせて違う話をするため、両親の間で不信と対立が深まる。

●●●

アリアナとブレイトンは、4歳と6歳の2人の娘をとても可愛がっていました。アリアナがヨガの資格取得のために外出している間、ブレイトンは沐浴や深夜のミルクなどの娘たちの世話を引き受けてきました。

その後、離婚して家を出たブレイトンは不安でした。アリアナが娘たちを手放し、自分とも生活ができるよう協力してくれるとは思えなかったからです。離婚の理由は、ブレイトンからすれば、アリアナの関心が娘に集中し、ヨガの指導も忙しかったこと、そしてアリアナからすれば、ブレイトンが冷たかったことでした。

ブレイトンの予想通り、アリアナは自分こそが娘との絆が強い親だと信じていました。彼女は、ブレイトンの育児には感謝していましたが、娘には母親が必要だと思っていました。

共同養育が始まると、娘たちはブレイトンの家でよく食べ、眠り、遊びましたが、母親のところに行く時間になると泣き出すようになりました。アリアナは娘たちが泣いているのに連絡しないブレイトンにいつも腹を立てました。

ブレイトンとアリアナのやりとりは次第にストレスと敵意に満ちたものになり、アリアナはブレイトンの養育時間を減らしたいと思うようになりました。ブレイトンは「ちゃんと子育てができない」と言われたことに憤慨し、「アリアナが娘たちを不安にさせた」とアリアナを非難し始めたのです。

アリアナとブレイトンは裁判所の養育状況調査ではなく、共同養育コーチングを受けました。協力して解決できないかと思ったのです。その結果、娘たちはそれぞれの親の前で全く違う反応をしていたことが分かりました。そのことに両親が気付くまでには何週間ものサポートが必要でした。両親の間に信頼が築かれて初めて、娘たちは安心して、父親が恋しいことや母親が恋しいことをどちらの家でも言えるようになりました。

　両親は互いに相手の話を聞くことで、娘たちそれぞれの長所や短所がよりよく分かるようになりました。象を片側からしか見ていなかった人が初めて両側を見た時のように、相手の話から、娘たちの新しい面が見えるようになったのです。


子どもは、両親の対立に巻き込まれると、自分の気持ちが二の次になり、健全に成長・発達することができなくなります。

告げ口で両親の対立をあおる

　子どもが片方の親に告げ口をして、両親の対立をあおることがあります。なぜそんなことをするかというと、それによって両親がけんかすると、子どもは「どうにもならない状況を自分が動かした実感」を得られるからです。「解決できないなら、自分がなんとかしよう」と思うのです。

　このような行動は、8歳頃から友達同士の間でも見られます。別の友達に告げ口して怒りや対立を引き起こすのです。親に兄弟姉妹のことを告げ口するのも同じです。

なかでも10歳から15歳の子どもは、親をけんかさせることが多いです。状況を動かして気を晴らそうとする行動で、成功すると繰り返されることがあります。ですから親は、子どもの発言が本当かどうかを見極めることが大切です。子どもが驚くようなことを言った時は、内容を確認して、もう一人の親と冷静に対応してください。

子どもをスパイ・探偵にしない

もしもあなたが、もう一人の親について子どもから情報を得たいという衝動に負けてしまうと、子どもに探偵やスパイをさせることになります。これは間違いなく、子どもを親同士の対立の真っ只中――つまり子どもがいてはいけない場所――へ放り込むことになります。

子どもを探偵やスパイにして、もう一人の親について子どもに詳しく聞いたりすると、子どもを親の争いに巻き込むことになります。

自分だけでは見えない「子どもの本当の姿」

もう一人の親との対立を避けるには、まずその親から話を聞く必要があります。子どもから聞いた話と違っていても構いません。大切なのはもう一人の親と子どもの関係を理解することです。

「あなたの家では、ナオミは私たちの別居が頭から離れず、悲しそうな様子なの？ ナオミは私にはそういう姿は見せないから……知らせてくれてありがとう」

● ● ●

子どもはそれぞれの親の前で違う顔を見せるものです。象を観察すると、正面からと後ろからでは形が違いますが、どちらも見なければ全体像は分かりません。子どもについても、両親はお互いの話を聞くことによって、子どもの本当の姿が見えるようになります。

● ● ●

親1：「ローラはカリフォルニアに行くのが楽しみみたい。飛行機を予約する？」

親2：「ローラはいつも『一人で飛行機に乗るのは不安だ』って言っている。まずローラと私たち二人で話をした方がいいんじゃないかな？」

● ● ●

共同養育パートナーは、互いに意見が違う相手の話を聞ける信頼関係を築くことが大切です。子どもから他方の親について気になることを聞いたら、子どもがいない時に対応しましょう。

親1：「エルサがあなたの家で大人たちと寝たって言ってたけど、どういうこと？」
親2：「ああ、それは姉夫婦が来た日に、リビングに置いた寝袋で寝た時のことでしょう。エルサは自分のベッドで寝ない時は、私としか一緒に寝ないから安心して」

あなたはもう一人の親の行動に傷つき、憤慨することもあるかもしれません。しかし、子どもにとっては大切な親なのです。子どもにあなたの考えや感情を押し付けずに、子どもが両方の親との関係を続けられるように心がけましょう。

共同養育パートナーと摩擦が起きたとき、お互いを尊重して対処する方法が分かれば、子どもを板挟みにせずに済みます。

子どもの感情を見抜く方法

悲しい気持ちの表し方やタイミングは、人それぞれです。ニコニコとレゴで遊んでいた7歳の子どもが、急に不機嫌になることもあります。ママと作ったお城を思い出したのかもしれません。10代の子どもが、食器を洗いながら泣き出すこともあります。父親が恋しいのかもしれません。4歳の子どもが朝食の時に「こんな朝ごはんいらない！ママのことも嫌い！」と言い、弟を蹴るかもしれません。それはいろいろな変化や感情に対する怒りの表れです。

子どもが自分の気持ちを言えるように手助けをしてあげましょう。親は、罪悪感やもう一人の親への怒りで、冷静になれないかもしれません。その場合はまず、自分の気持ちを整理し、子どもに向き合う余裕をつくった上で、子どもの話を聞きましょう。

● ● ●

13歳のマットは、もうすぐ母親が迎えに来るのに寝転んでゲームをしています。

父親：「荷造りは面倒かな。まだこの生活に慣れないから仕方ないけど、そのうち新しい生活にも落ち着けるようになるよ……一緒に荷物をまとめようか」

● ● ●

5歳のブランディ：「大嫌い！大嫌い！離婚なんかするなんて！」

母親：「怒っているんだね。パパがここにいたらいいのにと思っているのかな。私もそう思うよ。でも大丈夫、一緒に乗り越えていくからね。パパに電話したら気持ちが落ち着くかな？　それとも一緒にソファにくるまってギュッとしようか？」

●●●

子どもは自分の気持ちが親に理解され、受け入れられると安心します。気持ちを正直に話しても、親をがっかりさせたりはしないのだと分かるからです。一方で、親には子どもの話を聞く余裕が必要です。親が子どもの気持ちを上手に支えるためのヒントをご紹介します。

・手を止めて、集中して子どもの話を聞く。
・子どもが自分の気持ちを表現し、客観的に理解できるように手助けをする。
・家族の変化が、子どもにとってどれほど難しいかを理解する。
・過去に頑張って達成したこと、強くなり成長したことを子どもに思い出させる。
・「時間とともに状況は良くなり、普通の生活に戻る」と子どもに伝える。
・「みんなで一緒に乗り越えようとしている」ことを子どもに伝える。

子どもの悲しみの表現は大人とは違います。子どもは自分の激しい感情に対処した経験がないからです。子どもの様子をよく観察しましょう。以下は、子どもの典型的な悲しみの表現方法です。

イライラ：子どもがぐずったり、睡眠や食事の時間が乱れたり、気分がコロコロ変わったり、反抗したりするのは、変化を嫌がっているのかもしれません。

怒り：子どもは、親への怒りで悲しみを表現するかもしれません。親がルールや習慣を守らせようとすると、怒りをむき出しにして反抗することがあります。

不安：不安や恐怖心が強くなり、悪い夢を見ることがあります。親から離れるのを嫌がり、予定を何度も確認したり、頭痛や腹痛を訴えたりすることもあります。

悲しみ：子どもは泣いてストレートに悲しみを表現するかもしれません。また、感情を隠すことを覚えた年上の子どもは、イライラしたり、怒ったり、引きこもったりすることもあります。

子どもの心の状態が心配な場合は、医師や心理専門家に相談してください（詳細は付録「苦しんでいる子どものサイン」参照）。親が自分の気持ちを話すのもよいでしょう。子どもにとって親は、人生の大事な先生ですから、どうすれば逆境を乗り越えられるかを教えてあげましょう。子どもは傷ついている親が頑張って自分を守ってくれれば、親を信頼するようになります。

自分の気持ちを話す際には、正直に、適切な感情を見せつつ、安心感を与えるように話しましょう。親が適度に感情を見せる方が、子どもも悲しみを乗り越えやすくなります。「このような気持ちになるのはよくあることで、いつか必ず回復する」と子どもに伝えてください。その上で子どもに気持ちを尋ねれば、子どもは「親は自分のことも気にかけてくれている」と安心します。

●●●

「涙が出ちゃった。この家で楽しかったことを思い出すとつらいけど、きっと次の家でも楽しい思い出ができると思う。あなたも引っ越しは悲しいでしょう？」

会いたくない人の前では、感情をコントロールしましょう。あなたが取り乱すと、子どもは自分らしく振る舞えず、親との関係に集中できなくなります。何か問題が起きた時、子どもはあなたがその問題を乗り越えられるかどうかを見ています。親が感情をコントロールできれば、子どもは親を心配する必要がなくなり、友達との関係や生活を楽しむことができます。

●●●

13歳のロシェルは、父親が友達のジェニーの母親と付き合っていることを気まずく思っていました。ある日、図書館で母親と一緒にいる時、友達のジェニーを見かけました。「とっさに手を振ってしまって、まずいと思ったの。でも、お母さんが『大丈夫よ。ジェニーに挨拶してもいいのよ』と言ってくれた。ジェニーのお母さんにも手を振ってくれた。何も問題なかったわ」

●●●

10歳のジャスティンは「ママとおばあちゃんに会いに行くことをパパに話してしまった。パパが悲しむと思ったけど、パパは『おばあちゃんに会えて良かったね』と言ってくれた。良いことなら話しても大丈夫なんだね」

●●●

別居は子どもが逆境から学ぶ機会になります。悲しみは永遠には続きません。家族が一度バラバラになり、新たに結束する経験をした子どもは、困難やストレスに対処できる自信を持ちます。柔軟性と回復力を身に付け、愛、家族、責任について理解を深めます。そして別居前と形は違いますが、引き続き家族によって支えられて、子どもは強くなります。

ジェシー（16歳）：「ママとパパの家を行ったり来たりするのは嫌だけど、思ったほど悪くないし、二人とも幸せそう。前より仲良くなったみたいで良かったわ」

リジー（22歳）：「パパとママが別居した時、10代の私はよく分からなかったけど、今思えばあの決断は本当に勇気があった。強い二人から私はたくさん学んだわ」

共感はしても同情はしない

これまで、別居時の親のサポートや愛情の重要性について見てきました。親の愛情とは、子どもの気持ちを理解し、子どもが変化を乗り越えて成長する力を信じることです。しかし別居の時には、親が自分の気持ちと子どもの気持ちを混同して、子どもの気持ちを誤解することがあります。まるで、自分が欲しい物を誰かにプレゼントしてしまう時のように。

例えば、レイチェルは別居に前向きでしたが、子どもも自分と同じだと思い込み、子どもの悲しみを見落としました。子どもは本当の気持ちを隠し、一人で抱え込んでしまいました。

一方、マークは結婚の破綻に打ちのめされ、子どもも自分と同じように感じていると思い込みました。自分の両親の別居を思い出し、深い悲しみを表現して子どもにも話をさせようとしましたが、それによって子どもはマークの感情の渦に飲み込まれてしまいました。

子どもを哀れに思い、別居を乗り越えられないだろうとまで感じたら、それは「同情のわな」に陥っているのかもしれません。子どもの気持ちを感じ取ることは大切ですが、飲み込まれてはいけません。「共感」が「同情」や「投影」にまでなると、子どもを導くことができません。

子どもが後ろ向きになっていたら、親が愛情を持って、前向きに成長できるように支えてあげましょう。「共感して話を聞く姿勢」と「規律ある子育て」のバランスを取ってください。子どもがどのくらい動揺しているか分からない場合は、医師やカウンセラー、共同養育コーチ、信頼できるメンターに助けを求めてください。

子どもの「ストレート過ぎる質問」に答える

親は、別居時に子どもからよく質問をされますが、その質問内容が心に突き刺さって不安になることがあります。「子どもがこんなことを聞くなんて大丈夫なのか」「もう一人の親に何か起きたのだろうか」「何を間違えたのだろう」というように。

子どもからの質問に向き合うには、深呼吸と練習が必要です。大人の問題について子どもの質問に答えるのは簡単ではありませんが、「子どもを大人同士の問題に巻き込まない」ということさえ忘れなければ、上手に対処できます。

また、あらかじめ聞かれそうなことを予想しておけば、自信を持って答えられます。子どもは信頼している人に質問しますから、質問されるということは、子どもとの関係がしっかりしているということです。子どもが求めているのは情報かもしれないし、理解かもしれないし、単に安心したいだけかもしれません。どれに当てはまるか考えてみましょう。

幼い子どもは、不安を感じる変化や心配事について質問します。簡潔な言葉で答え、安心させましょう。少し大きな子どもは、両親の関係についてストレートに聞くことがあります。しかし子どもが確認したいのは結局のところ、「自分が安心して子どもでいられる」ことと、「自分は親の精神的ケアをしなくていい」こと、そして「どちらかの親の味方をする必要がない」ことです。

答えは年齢に適したものにしましょう。10代の子どもはストレートな質問をしますが、その答えを理解できるとは限りません。「もう少し大きくなったら分かるよ」とシンプルに答えるのもよいでしょう。子どもの話をよく聞けば、難しい質問にも対応できます。

「もう一回結婚するの？」

「パパとママはもう結婚することはないの。この状況に慣れるのは大変だけど、時間がたてばもっと楽になるよ。あなたの家は二つになったけど、家族であることは変わらないよ」

「ずっと一緒にいられないの？」

「一緒にいない時だって、君がパパ（ママ）と楽しんでいることを知っているからね。君はパパとママの両方に愛されているから安心だよ。木曜日にまた楽しい時間を過ごそうね」

「ママとパパはまだお互い好きなの？」

「ママとパパは、あなたの親でいられてとても幸せだ。世界で一番ラッキーなママとパパだよ。結婚はしていないけど、あなたのママ（パパ）で良かったと思う。二人ともあなたを愛しているよ」

「離婚を決めたのはどっち？」

（10代の子ども向けに）「パパとママは結婚生活を続けようと頑張ったけど、意見が合わなくて続けられなかったの。どちらか一人が決めたことではなく、二人で話し合って決めたんだよ」

「浮気していたの？」

「質問は悪いことじゃないけど、それは大人の問題で、子どもに答えられる質問じゃないんだ。パパもママも一生懸命頑張ったけど、うまくいかなかった。誰かが悪かったわけじゃないよ」

これがまだ幼い子どもからの質問だったら、浮気の意味を知らずに聞いているのかもしれません。

まず「『浮気』という言葉はどういう意味で言っているの？」と聞いてみましょう。子どもが本当に聞きたいことが何かが分かれば、答えやすくなるかもしれません。

一方、子どもが浮気について知っているのなら、ストレートに言う方がよいかもしれません。

「ママとジェシーがお互い好きになったことは知っているね。パパはママとはお互いを好きになれなかった。でも大人同士の問題は僕たちに任せて、君は自分のことに集中してほしい」

質問に即答しようとしない

ひと呼吸置く：答える前に深呼吸をして、気持ちを落ち着かせましょう。

話をよく聞く：幼い子どもなら目線を合わせて話を聞きましょう。少し年上の子どもの場合は、何か他のことをしながらの方が、子どもが話しやすいこともあります。すぐに質問に答えず、まずは逆に次のように質問してください。「あなたは何か心配している（悲しそう・怒っている）みたいだけど、そうなの？」「それは大事な質問だね。もう少し詳しく教えてくれる？」

理解する：子どもが本当は何を望んでいるのかを考えましょう。気持ちを表したいのか、安心感が必要なのか？　情報を知りたいのか？　もっと深く理解したいのか？　子どもは同じことを何度も聞くことがあります。それは今日も同じ答えが返ってくるかどうかを確認しているのです。

丁寧な返答：子どもが安心感を求めていると感じたら、簡潔に答えましょう。例えば「パパは僕たちを置いていってもう戻ってこないんじゃない？」と聞かれたら、「パパに置いていかれるなんて想像したら怖いでしょう。でも絶対にそんなことはないよ。パパとママが別々の家に住むようになっても、二人どちらかが必ずあなたのそばにいるからね」。

子どもが情報を求めている場合は、もう一人の親を責めないよう、シンプルに答えましょう。

より深い理解を求めている場合は、まず質問の意図を確認し、簡潔に中立的に答えましょう。「お互い好きじゃないなら、なぜ結婚して子どもをつくったの？」という質問には、こう答えればいいかもしれません。「君を産むことを考え始めた頃、パパとママは愛し合っていたし、親になるのも楽しみだった。パパとママの間の愛情は変わってしまったけど、君への愛情は決して変わらないよ」

大人の問題に関する質問で、答えると誰かとの関係が悪くなる時は「質問は良いことだけど子どもの仕事は子どもでいること。大人の問題に関わらなくていいよ」と答えて安心させましょう。

10代以上の子どもが大人の問題（浮気など）について質問した場合は、自分の将来について考えているのかもしれません。「ママはどうして浮気をしたの？」と聞かれた時には、このような答えが考えられます。「愛は永遠に続くものかどうか、疑問に思っているのかな？ 続く場合もたくさんある。人と人との関係はみんなそれぞれ違う。ママとパパは別れたけど、恋に落ちて結婚して、君や妹たちを授かったことを後悔することはないよ」

子どもは、疑問に答えが見つかれば、気持ちが回復します。中には答えにくい質問もあるかもしれませんが、丁寧に答えて、子どもを愛情と安心感で包み込んであげましょう。

第3章のまとめ

・子どもは親の様子から、今後安心して暮らせるかどうかを判断します。難しい時期でも、子どもに自信と安心感を与えられるようにしてください。
・子どもは親と共にファミリーヒストリーをつくります。前向きな経験を子どもに残しましょう。
・親の別居に対する子どもの反応は、子どもの年齢により異なります。
・子どもが、親の別居とは関係なく健やかに成長し、自分の課題に取り組めるようにしましょう。
・子どもは罪や恥を感じることなく、両親を自由に愛し、両親から愛されたいのです。
・親同士が対立していると、子どもが板挟みになってしまうことがあります。
・子どもは子ども特有の方法で悲しみを表現します。子どもの感情表現を理解しましょう。
・子どもは質問をして状況を理解します。質問に答えて繰り返し元気づけることが大切です。
・子どもが長い間苦しんでいたり、深く落ち込んでいたりする場合は、かかりつけの小児科医や精神保健の専門家に相談しましょう。

第4章 業務

元配偶者と会わずに子どもを受け渡す

別居をきっかけに、生活のルーティンや家族のつながり方が一変します。そのため、中には「誰も自分の気持ちを分かってくれない」といった孤独を感じる子どももいるかもしれません。また、子どもをサポートするあなたの注意力やエネルギーは十分でないかもしれません。

しかしあなたには、自分のケアをしながら子どもを助け、一緒に悲しみを乗り越える力がありま す。共同養育パートナーと協力して新しい生活ルーティンをつくり、二つの家があるのが「普通」という感覚を築きましょう。日々の言葉かけや雰囲気で、子どもを落ち着かせることが大切です。

二つの家がある家族になり、新しい生活パターンが定着するまでには時間が必要です。特に子どもにとって、二つの家に慣れて安心するには時間がかかります。

「子どもの安全基地」をつくろう

新しい生活に早く慣れるには、家族の習慣や生活ルーティンを決めることです。例えば筆者の娘が幼かった頃、父親が娘を抱っこして下の階に降りる際に、娘が「毛布も？」と聞くと、父親が「もちろん！」と答えるのがお決まりの儀式でした。このようなささやかなルーティンでも、子どもは周囲を信頼するようになります。二つの家での新しいルーティンを子どもと考えましょう。

別居後の生活に慣れるまでかかる時間は家族によりますが、多くの専門家は1～2年を想定します。両親の感情が落ち着き、食事や睡眠が十分に取れ、お金の心配がなければ、早く慣れることができるでしょう。日常生活に大きな変化があるほど時間がかかります。専業主婦（夫）が学校や職場に復帰したり、子どもが保育園に通い始めたり、どちらかの親に新パートナーができたりすると、家族の生活が大きく変わります。

子どもの年齢や性格などの他、次のような要因が、新しい生活への慣れに影響します。

対立の激しさ：両親の間で対立が続いているか（続くほど、安定するのに時間がかかります）。

生活の変化：両親の別居で子どもは引っ越したか。両親に新パートナーやその子はいるか。

意思決定：子どもは、寝具を選んだり、枕元に写真を置いたり、おもちゃをしまう場所や宿題をする場所など簡単なことについて、年齢に応じて意見を聞いてもらえるか。

二人の親との関係：両親が心身ともに健康で、子どもの気持ちを支えられるか。

子どもの新生活への慣れ具合は、全体像を見るようにしましょう。一方の家での生活だけでなく、他方の家や学校、課外活動、友人関係などにもうまく対応できているかを確認する必要があります。

また、子どもの年齢や性別により、どちらかの親と一時的に折り合いが悪くなるのはよくあることです。両親は、そのような時期にも支え合う必要があります。

子どもの心の動きを見る

別居後に元の家に残る親は、戸惑う子どもを支える立場になります。これはゼロから始めるよりは簡単かもしれませんが、課題がないわけではありません。子どもが口に出さない悲しみや喪失感も、大切な心の動きです。子どもの様子をよく観察して、子どもが気持ちを打ち明けやすいようにしてあげましょう。

新しい家に早く慣れるコツ

家を出る側の親の引っ越し先は仮住まいも多く、再び別の家に引っ越すこともよくあるので、1年弱で落ち着くのは難しいかもしれません。子どもは、お気に入りのぬいぐるみや枕などがあると安心します。

新しい生活を始める時には、子どもが慣れ親しんだ物をできるだけ取り入れましょう。また子どもの新しい居場所をつくる時には、新しいアイデアを取り入れながら、じっくり取り組んでください。子どもには、これが新たなスタートであること、そして「この場所が自分の家になるには時間がかかる」ことを伝えて、安心させてあげてください。子どもが変化に慣れようと頑張っていたら、その努力に感謝の気持ちを伝えれば、親子関係にプラスになります。

両親とも新しい家に引っ越す場合

両方の親が新しい家に引っ越す場合、子どもは家族で住んでいた家に別れを告げて、両親それぞれと、新しい家の感覚を育みます。

なお、両親が元の家の名義を共有していた場合、引っ越した親が「自分もまだ住宅ローンを払っているのだから」と、元の家に入ろうとすることがあります。しかし家の名義は共有でも、今は元配偶者が住む家ですから、入る時には、事前に許可を得るのが礼儀です。

あなたは常に「100%の親」

別居で家族の形は変わります。人生の転機には痛みも伴いますが、人はその傷を癒やし、成長して強くなります。別居して新しい家に落ち着き、子どもとは時々離れて暮らすようになっても、二人の共同養育パートナーがそれぞれ「100%の親」であり続けることが目標です。

離婚後の共同養育では、子どもは養育スケジュールに従って、どちらかの親の家で過ごします。そのため親は、一緒に過ごす時間が足りないと感じ、共同養育パートナーとの間でわずかな養育時間の違いを争いたくなるかもしれません。しかし、なるべく争わずに、現実的な養育スケジュールを決めることが重要です。心身が回復すると、親は新たな日常や養育スケジュールに慣れていくことが多いです。より快適な生活リズムをつくるためにすべきことは、他にたくさんあります。

・あなたは１００％の親です。自分の養育時間ではない時間も、常に子どもの親です。誰もあなたの代わりにはなりません。親は、子どもとのつながりを失い、子どもの大切な瞬間を見逃すことを恐れ、もう一方の親だけが子どもと一緒に特別な体験をすることに不安を感じることがあります。しかし、あなたは子どもにとっては特別な存在であり続けます。あなたもあなたの共同養育パートナーも、素晴らしい瞬間を子どもと過ごすのです。時間は十分にあり、親子には強い愛情と永遠の絆があります。

・元配偶者にも子どもに関わってもらいましょう。子どもは元配偶者の子どもでもあります。「自分がしてもらいたいことを相手にする」という黄金律を思い出しましょう。

●●●

子どもと一緒に暮らす親が子どもの誕生日のお祝いを計画し、元配偶者とそのパートナーや両親まで招待して、家族のつながりを示しました。子どもの人生に大切な人たちが全員集まって、子どもの誕生日を祝うことができました。広い心で、子どもの気持ちを優先することに成功した例です。

・子どもがもう一人の共同養育パートナーの家にいる間の連絡方法について話し合いましょう。電話の頻度や目的、影響を考え、共同養育パートナーのスケジュールを尊重しましょう。年長の子どもなら、スマートフォンのメッセージで子どもからいつでも連絡を取れるようにするのもよいかもしれません。ただし、連絡がなくても子どもがあなたを大切に思っていることを忘れないでください。「子どもは連絡したければいつでも連絡できる」と信頼する方が、子どもへの配慮を示すことができます。幼い子どもがいる場合は、ビデオチャットなども良いでしょう。乳児の場合は、どちらの家でも母乳育児ができる工夫も必要かもしれません。

なぜ子どもに親を選ばせてはいけないのか

両親は、別居後の子どもの世話の当番を決める養育スケジュールを作ります。子どもの年齢や事情を考え、両方の親の意見を取り入れましょう。共同養育コーチや弁護士の助言をもらうのもよいでしょう。大事なのは「文書にすること」「理解しやすい内容にすること」「子どもを引き渡す日時が明記されていること」「特別行事や祝祭日、休校日、長期休暇の対応を盛り込むこと」です。養育スケジュールは、共同養育の合意事項を記した「共同養育計画書」の一部となります。

養育スケジュールは、子どもの生活リズムの土台となります。

ある時間帯に子どもを養育する親が「当番」となり、日常的な意思決定を子どもと一緒に行います。共同養育計画書に「両親は共同で意思決定する」と書かれていても、それぞれ普段の生活スケジュールや役割まで縛るという意味ではないことが多いです。「当番の親が子どもと一緒に決める」というのは、お互いに超えてはいけない重要な「ライン」です。

●●●

木曜日に、ワイリン（アニシャの友達）のお母さんから「土曜日、アニシャは家に泊まりに来られますか」と電話がありました。グレースは承諾したいと思いましたが、週末は父親が養育当番でした。そのため、グレースは父親の連絡先を教えて「彼の養育時間なので、彼に直接聞いてほしい」と伝えました。

●●●

養育スケジュールは両親が管理すべきです。「13歳の子どもに決めさせていいか」と聞かれますが、答えはNOです。子どもに養育時間を決めさせると、子どもの意見を支持する親が他方の親と対立した場合に、家が分裂しかねないからです。そうなると子どもは親の対立に巻き込まれて子どもでいられなくなり、健全な成長ができなくなります。

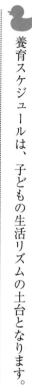

養育スケジュールは親が決めることを子どもに伝えて、安心させましょう。そうすれば、子どもは高校を卒業し巣立つまで安全に過ごせます。

ただし、正当な理由があれば、両親が合意して、一定期間、子どもをどちらかの親とだけ生活させることもできます。これはあくまで両親が一緒に考えることです。一方の親の希望をかなえたり、一方の親との関係を脅かしたりするために子どもを利用してはいけません。

●●●

ウィル（14歳）：「お母さんなんて大嫌い、最悪の母親だ！　僕のゲーム機を返してよ。僕はお父さんと一緒に住むんだ。お父さんはこんなひどいことしない！」

母親：「宿題を約束通り済ませたら、ゲーム機は返します。今あなたはすごく怒っているわね。お父さんと話したけど、お母さんと同じ意見だったわ」

ウィル（3時間後）：「宿題終わったよ。ほら、見て」

●●●

母親（父親に）：「ケルシーが学校の劇の主役になったのよ。でもそのリハーサルを二つの家を行き来しながらこなせるか心配しているのは聞いた？　私の家の方が学校に近いから、公演が終わるまで2カ月間、こちらの家で過ごすのはどうかな……」

父親：「まだ話は聞いていないけど、言い出しにくいのかな。主役になれたのは本当に良かったね。分かった、彼女に提案してみよう。次の2カ月間は、僕とは週に1回の夕食と、日曜日の朝のブランチにするのはどうだろう？」

母親：「それはいい考えね。彼女に伝えておこうか？」

父親：「いや、僕から今夜、家で話すよ」

父親（ケルシーに）：「ママと話したんだけど、これから劇のリハーサルがある2カ月間、つまり公演が終わるまで、ママの家にいることにしたら、少しは楽になるかな？」

ケルシー：「それは助かる。パパ！ ありがとう！」

●●●

養育スケジュールは、実際の運用は柔軟にしても構いませんが、その内容は明確に、具体的に決めておくことが大事です。親と過ごす時間が定期的に確保されると、子どもは安心します。また内容を明確に決めておけば、両親の交渉や対立を減らせます。

子どもの年齢やニーズに応じて、養育スケジュールを変えることもできます。子どもは成長して自立した後も、このスケジュールを続けることがあります。例えば、帰省する時にどちらの家に行くかが決まっていれば、大切な人をがっかりさせずに済むからです。

●●●

ブラッド（21歳）：「ママ、今年の感謝祭はママの家？ それともパパの家？」

ママ：「今年はパパの番よ。楽しんでね！　またパイを持ってきてくれる？」

●●●

中には、子どもが二つの家を自由に行き来することに全く抵抗がない両親もいるでしょう。大事なのは、両親にとって苦痛にならず、子どもを安全に監督でき、子どもが順調に育つことです。

スムーズに養育時間を変更する方法

以下のようなポイントを参考にして、子どもの養育スケジュールを守りましょう。

最初はスケジュール変更をしない

最初の6カ月から1年間は、なるべくスケジュール変更をせずに、子どもに滞在パターンを身に付けてもらいましょう。親の希望と子どもの希望のバランスを取りましょう。

養育時間の「交換」と「譲渡」

親は、他方の親に「養育時間の交換」を頼むことができます。「養育時間の交換」とは、同じ種類の養育時間を交換することです。週末の時間は週末と、平日の時間は平日と交換します。同じ長さで、かつ同じ質の時間を交換するようにします。平日は週末とは時間の使い方が違うからです。

交換を頼まれた相手に応じる義務はありません。

一方「養育時間の譲渡」は、養育時間を他方の親にあげることです。自分の養育時間に別の用事が入り、ベビーシッターに頼む代わりに、他方の親に子どもを預けるような場合に行います。この時、養育時間の交換はしません。

一般的には「交換」ではなく「譲渡」を頼んで、他方の親がより長く子どもと過ごせるようにすると、親同士の関係が良くなります。ただし「譲渡」も、他方の親に応じる義務はありません。

養育時間の交換や譲渡の頻度が高すぎる場合は、弁護士に相談して、養育スケジュールを修正した方がいいこともあります。

譲渡に応じる義務はない

前述の通り、あなたの養育時間に仕事が入り、養育時間の譲渡を頼んでも、前もって合意していない限り、他方の親に応じる義務はありません。養育スケジュールは、子どもの幸せと親の自由を守るための正式な契約です。一つの家族なら両親は互いに相手に甘えられますが、その時代は終わったのです。約束を守って子どもの世話をするようにしましょう。

「他人に預けるくらいなら私が預かる」と言えるか

「優先交渉権」とは、親が自分の養育時間に子どもをベビーシッターなどに預ける時には、まず優先権がある他方の親へ「養育時間の譲渡」を提案しなければならないというルールです。下限時間が定められる場合もあります（例：4時間以上預ける場合は譲渡を提案する義務がある、など）。共同養育計画書にこの権利が明記されている場合は、守ってください。一般的に、両親の関係が良ければ優先交渉権がある方がいいのですが、関係が悪いと、これが争いの原因となることもあります。

ベビーシッターや祖父母の効用

別居前から親しくしているベビーシッターがいれば、その人に続けてもらえれば、子どもの負担を減らせます。ただし、お互いのプライバシーは尊重してもらいましょう。

子どもがベビーシッターといる時間について、「自分と一緒に過ごすこともできたのに」とは考えず、優秀なベビーシッターに感謝するようにしましょう。祖父母が世話をしたり、友達の家に泊まったりすることもあるでしょう。「当番親が世話できない時間は、全部自分が世話したい」と思わずに、多様な方法を受け入れる方が、最終的には良い結果になります。

大人のプライバシーを守る

「子どもに両方の家の鍵を持たせ、いつでも行けるようにしてよいか」と聞かれることがあります。もちろん両方が子どもの家ですが、非番の親（その時間に養育当番ではない親）の家に行く時には次のことをするように子どもに教えてください。

1．事前に非番の親に電話をかけるか、テキストメッセージを送る。
2．非番の親から許可をもらう。

こうすれば、大人だけで過ごしている時間など、親にとって都合が悪い時間に、子どもが突然来たりする心配はありません。非番の親には、誰がいつ自分の家に出入りするかを知り、プライバシーを守る権利があります。それぞれの事情に応じてルールを決めましょう。

親子を引き離すのは子どもに有害

子どもは、片方の親が遠くに引っ越すと、不安を感じるかもしれません。このような時は、子どもと両親の関係を強化し、安心させることが大切です。子どもに状況を説明して適切な環境を整え、「生活ルーティンは変わっても関係は変わらない」ということを繰り返し伝えましょう。

家の距離が離れると、共同養育が複雑になります。100~200㎞程度であれ、大陸の反対側であれ、親同士が遠く離れると、親が子どもの生活に関わり続けるのが難しくなり、成長に影響します。特に、合意や裁判所命令により、片方の親が子どもと一緒に遠くへ引っ越すことを許可された場合、残される親に選択肢は少なく、非常につらい決断をしなくてはならないかもしれません。

なお、有害な元配偶者から逃れるために親が子どもと一緒に遠くへ引っ越す場合は、子どもは混乱することが多いので、専門家のサポートを受けるべきです。引っ越し後に状況が落ち着き、親子の安全が確保されたら、両方の親が子どもと健全な関係を持てるようにしましょう。

また、子どもを安全に守るのは親の仕事ですが、「あなたがたまたま嫌ったり、恐れたりしている安全な親」から子どもを引き離すのは、子どもに有害であり、生涯にわたって子どもに影響を及ぼします。詳しくは、付録「親子関係が傷つく時」をご覧ください。

次に、片方の親が遠くに引っ越した時に気を付けるべき点を見ていきましょう。

シングルペアレント生活：片方の親の家が子どもの主な住まいになります。その「主たる親」になる親にとって、これは予想外に負担の大きいシングルペアレント生活になるかもしれません。

・主たる親が燃え尽きないようにするために、どうすればいいでしょうか？
・一人で子どもの世話をするために必要になるお金は、用意できるのでしょうか？
・子どもが離れて住む親と連絡が取れるよう、両親は協力できるでしょうか？

子どもの気持ち：親が遠くに引っ越すと、子どもは数週間から数カ月間、その親と会えないこともあります。子どもの気持ちには、丁寧に対応しましょう。子どもが、「親は自分のせいで引っ越した」「自分は捨てられた」「大事にされていない」などと感じないようにします。

・引っ越しで、親子が離れ離れになる時のファミリーヒストリーはどのようなものでしょうか？
・「僕を愛しているなら、どうして近くで暮らさないの？」と聞かれたら、どう答えますか？
・「引っ越しは大人の事情で、親子関係は変わらない」ことを子どもに分かってもらうには？
・あなたは、幼い子どもにとっては不適切な期間――つまり、あまりにも長期間――子どもと離れ離れになり、その間に子どもが他方の親とだけ関係を深めることに我慢ができますか？

遠距離移動：子どもが遠方の親を訪ねる際にも、検討すべきことがあります。

・子どもが遠方の親を訪ねる際の移動手段は？
・付き添いの責任はどちらが持ちますか？
・費用はどのように負担しますか？
・遠方の親を訪ねる頻度は？
・遠方の親は、どのくらいの頻度で子どもに会いに来るのでしょうか？
・遠方の親が子どもに会いに来てホテルに泊まる場合、滞在時間はどう調整しますか？

日常生活と意思決定：片方の親が遠方に引っ越した後も、子どもに関する教育、医療などの決め事は共同でしなくてはいけません。しかし子どもと一緒に住む親にとって、遠くに住む共同養育パートナーからあらゆる決め事に口出しをされるのは、面倒かもしれません。また、遠方に住む親が、子どもと一緒に住む親の子育てを妨害するために、意思決定を利用するかもしれません。

・どうすれば、子どもと一緒に住む親に負担をかけずに、迅速に決め事ができるでしょうか？
・予算に上限を設けて、その範囲なら単独で支出を決められるなどの運用は可能でしょうか？
・子どもと一緒に住む親は、遠くに住む共同養育パートナーに、子どもの情報を随時伝えたり、ネットで子どもと話せる時間をつくったりして、遠距離の親子関係をサポートできるでしょうか？

引っ越しにより、共同養育は複雑になります。一方で、一人で子どもを世話したい親にとっては、子どもとの生活が中断されず、日々の生活はシンプルになります。

子どもと離れて暮らす親にとって、常に子ども中心で考えるのは簡単ではないかもしれません。しかしそれができれば、子どもには必ずプラスになります。たとえ遠くからでも、あなたがつくった土台の上で、子どもは両方の親と良好な関係を築けるでしょう。

良い交代と悪い交代

子どもにとって、当番親の交代は「保護者が変わること」。つまり、片方の親とつないだ手を離しながら、もう片方の親に手を伸ばすことです。

両親は、当番親の交代をスムーズに行う責任があります。交代は子どもにとって「?」（不確実）ですか？　それとも「!」（対立）ですか？　それとも、「　」（空白）で、子どもが一人でするものですか？　以下のヒントを活用して、上手に交代ができるようにしてください。

両親が会わずに当番を交代する親もいます。例えば、子どもは朝、学校に送ってもらった親と別れて、放課後にもう一方の親と会います。お互いに顔を合わせたくない親にとっては良い方法ですが、子どもの持ち物の受け渡しは、別に行う必要があります。

子どもの持ち物の受け渡しを、公共の場所などで行う親もいます。元配偶者に自分の家に来てほしくない時には、公園、近所の喫茶店などで受け渡しをします。なお、家で当番親の交代をするのを子どもが嫌がる場合も、公共の場所だとうまくいくことがあります。

交代時に子どもが家から出たがらない場合、親が子どもの支度を手伝った後、その荷物を子どもと一緒に片方の親の家に運べば、子どもは連れていかれるとは感じにくくなります。

親同士の対立がある場合は、第三者に間に入ってもらう方法もあります。第三者が片方の親から子どもを預かり、もう一方の親に引き渡します。

当番交代時には、両親がちょっとした情報を共有することもできます。子どもにテスト（100点だった！）のことをパパに話すように言ったり、「おばあちゃんと楽しい週末を過ごしてね！」といった前向きな言葉をかけたりするのがよいでしょう。ただ、それが長すぎたり、話し込んだりするのは良くありません。後でメールや電話で伝えましょう。

子どもが「パパ（ママ）、見せたいものがあるからママ（パパ）の家に来てよ」と言うことがあります。言われた親は、その家の親から必ず事前に許可をもらってください。子どもの前で許可を求めると相手は断りにくくなるので、子どもに「まず二人で相談するから待っていて」と言いましょう。

子どもが当番親の交代を嫌がったら

子どもが当番親の交代を嫌がっても、両親はそれに従わず、問題を解決してどちらの家でも子どもが楽しめるように安心させましょう。子どもは、「両方の親と子どもが関わることが大事だ」というあなたの考えを試しているのかもしれません。あるいは他方の親との関係が悪い時に、あなたが味方をしてくれるのではないかと期待しているのかもしれません。また幼い子どもはただ、今日あなたと、そして明日はもう一方の親と離れるのがつらいのかもしれません。

子どもが行きたがらないのはなぜか、その理由がどれほど深刻なのかを見極めましょう。あなたは、学校から帰った子どもが先生への文句を言っても、「明日から学校に行かなくていいよ」とは言わないはずです。まずは問題の深刻さを把握し、解決することが必要です。

親と過ごす時間を断るのは、子どもにとって重すぎる負担です。このような大きな決断は親の責任でするべきです。深刻な安全上の問題がある場合に限って親が介入して、子どもを守るために必要なことをします。その場合も、目的はあくまで、危険を取り除き、問題を解決して、子どもと両方の親との関係を育むということです。詳しくは付録「養育計画の変更」を参照してください。

スムーズに養育当番を交代するコツ

新しい生活が始まった最初の数カ月は、子どもが集中力を失い、持ち物や時間の管理をできなくなることがあります。子どもがうまく乗り越えられるように、方法を考えてあげましょう。年齢に応じたルーティンとルールをつくると、子どもの負担は軽くなります。

子どもの大切な物は、持ち運べるようにしましょう。子どもの持ち物は、二つの家の間でいつでも移動できるようにしましょう。置いておくこともできますが、子どもの持ち物は子どもの物ですから、原則として子どもと一緒に移動します。親は協力して、忘れ物がないか確認しましょう。

適切なバッグを用意してください。適切な道具があるかどうかは大事です。リュックサックは子どもの持ち物を入れるには小さすぎるかもしれません。また、親同士が顔を合わさずに当番を交代する場合は、持ち物の受け渡しは別にする必要があるかもしれません。

予定外の移動も覚悟しましょう。誰でも忘れ物をします！　特に最初の1年間は、大事な物を忘れたりして、お互いに二つの家の間を行き来することになるでしょう。子どももう一方の親を責めてはいけません。「ローマは1日にして成らず」です。

支度や準備のルーティンをつくりましょう。当番親が交代する時に必要な支度や準備のルーティンをつくりましょう。子どもは、交代時の準備を面倒がるかもしれません。忍耐強く、粘り強く、実用的な手順をつくってください。

共同養育計画書を使用しましょう。子どもが宿題などの日常的な活動をどちらの家でも管理できるようにサポートしましょう（第5章参照）。

共通する習慣を決めましょう。子どもが迷わないよう、親は毎日の基本的な習慣を両方の家でなるべく一致させましょう。例えば朝起きる時と夜寝る時のルーティン、宿題や食事、就寝の時間などは、できればそろえてください。

「今更、育児をしたいなんて！」

離婚時に、それまで育児をあまりしていなかった親が急に育児に前向きになるのは、よくある話です。しかしもう一人の親は、その姿勢に脅威を感じて「今更遅すぎる」とか「どうせできない」などと言うことが多いのです。「私が助けてほしい時はゴルフをしていたのに！」「学校説明会に一度も行ったことがないくせに！」といったように。

たしかにその親は準備万端ではないかもしれませんが、やる気に満ちています。この時こそが、育児をしてもらう絶好のタイミングなのです。やり方は知らなくても、学ぶことはできます。あなたの「配偶者マインド」（第1章参照）は、育児をさせたくないかもしれません。しかし「親マインド」（同）は、両方の親が育児をする方が子どもにとって良いことを知っているはずです。ただ、育児スキルを身に付けるには時間も必要なので、最初は忍耐も必要かもしれません。

「お弁当に何を入れているの？」

共同養育パートナーに情報を伝える時は、前向きに、上から目線にならないようにしましょう。

父親は母親にはなれませんし、その逆もありません。きちんと情報を共有すれば、子どもは二つの家を行き来しても生活が変わらないと感じます。必要な情報をメールや電話などのどの手段で伝えるかは、話し合って決めておきましょう。お互いが良い親になるよう助け合ってください。

4歳のアディは、食べものの好き嫌いが多く、お弁当を2日連続で残しました。メグは共同養育パートナーのヒューに「アディのお弁当に何を入れているの？ あなたのお弁当は好きみたい」と尋ねました。するとヒューはお弁当のメニューをメールで送ってくれたので、アディは栄養が摂れるようになり、メグはほっとしました。

元配偶者の新パートナー

かつての夫や妻とビジネスパートナーのような関係を築くのは、難しいと思うかもしれません。しかし、前向きに礼儀正しく協力し合う関係を意識すれば可能です。そうすれば子どもは安心して、両方の親を堂々と愛することができます。それが、子どもにとって最も大切なことなのです。

加えて、子どもが両親だけでなく、その周りの人も愛せるようになるのが理想です。たとえそれが、あなたの元配偶者の新しいパートナーでも。

あなたの怒りや、裏切られ傷ついたという気持ちを子どもに背負わせてはいけません。子どもの気持ちを取り合うと、子どもは駄目になってしまいます。子どもの立場を尊重して、子どもの人生に関わる新しい大人を受け入れましょう。

次の方法で、子どもを大人の問題から守りながら、愛情関係を広げてあげましょう。

- あなたと元配偶者との関係が、丁寧なコミュニケーションの見本になるように努めましょう。
- 子どもに、元配偶者の性格、スキル、趣味の良いところを話しましょう。
- 元配偶者と素晴らしい関係を楽しむように、子どもに繰り返し伝えましょう。
- 元配偶者の誕生日、母の日や父の日などのために、子どもがお祝いをする準備を手伝いましょう。
- 子どもが両親双方の家族と良い関係を持てるようにしましょう。
- 自分の気持ちを抑え、子どもと、元配偶者の新パートナーとの関係を受け入れましょう。
- あなたは子どもがいない時も一人で大丈夫であることを、子どもに伝えて安心させましょう。

●●●

アビゲイル（4歳）：「ママ、私がパパのところに行っている時は一人で寂しい？」

ママ：「もちろん。でもあなたがパパと過ごせているから、ママは幸せなんだよ」

アビゲイル：「パパは私がいない時は寂しそうなんだもん……」

ママ：「パパは大人で、自分のことはできるから、あなたは心配しなくていいよ」

●●●

子どもが他方の親の悪口を言う理由

家が二つある子どもは、孤独や不安を感じたり、家のルールの違いに戸惑ったりすることがあるかもしれません。そういう時に大事なのは、子どもがどちらの親とも、自分の生活や経験について自由に話せるようにすることです。そうすれば、子どもは「自分は何も隠したり恥じたりすることはなく、誰かを悲しませることもない」と安心することができます。

次のことを意識して、子どもがそれぞれの親と十分に関わり、楽しめるようにしましょう。

・子どもが元配偶者との楽しい話をした時には、自分も喜びましょう。
・子どもが元配偶者についてネガティブな話をしてきた時は、適度に疑いも持ちながら聞きましょう。あなたが元配偶者の悪口を聞きたそうなら、子どもは話を誇張してそのような話をすることもあるからです。
・子どもに、元配偶者に何かを秘密にするように頼んだりしないでください。子どもに秘密をつくらせるべきではありません。親に何かを話して状況が悪くなることはあってはいけません。
・たとえ元配偶者の育児方法があなたとは違っても、子どもには「その親と一緒にいる限り安全で、愛されて、大切にされているよ」と伝えて安心させましょう。

養育スケジュールは規則的で分かりやすい内容にして、子どもが両親とのつながりを常に感じられるようにしましょう。しかし、スケジュールにこだわり過ぎると、子どもの特別なイベントなどに、一方の親が参加できなくなることがあります。子どもにとって、養育スケジュールは親の権利のためではなく、両方の親から大切にされるためのものです。子どもは親の所有物ではありません。ですから、両親は、次のことを心がけてください。

- 子どもスポーツ大会、学校行事などのイベントには両親が自由に参加できるようにする。
- イベントに参加する時は、どちらの親も、子どもに他方の親とも話をするように勧める。
- 子どもが、元配偶者やその親族との特別なイベントに参加できるようにする。また、片方の親と長期間会えなくなることがないように、柔軟に対応する。
- 子どもや元配偶者が望んだら、電話で互いに話せるようにする。
- 子どもが、自分の部屋やベッドに元配偶者の写真や思い出のある小物を置いたり、家族の写真帳を作ったりできるようにする（家族の形が変わっても、家族の歴史は消えない）。

父親の「母親力」と母親の「父親力」

お互いの養育時間を尊重しましょう。ある親の養育時間に、もう一人の親が子どもの予定を入れたりすると、共同養育が失敗する原因になります。

二つの家の間に適切なラインを引き、子どもの養育スケジュールを守るための手順があります。

- 養育時間に影響するイベントを検討する時は、まずもう一人の親と相談しましょう。相談された親はそれを断る権利があり、断られた方はそれを受け入れるべきです。

・子どもの習い事は自分の養育時間内で計画しましょう。時間が両方の親の養育時間にまたがる場合は、事前に両親が合意する必要があります（第5章参照）。

・共同養育は対等なビジネス関係です。他方の親の養育時間を勝手に変えてはいけません。これは、両親が子どもと一緒に公開のイベントに参加している間も同じです（第9章参照）。

・お互いの育児のやり方を尊重しましょう。別居すると、それぞれの親は自分の家にふさわしいルールや習慣をつくり、独立した生活を送るようになります。二つの家で、共通するルールは必要ですが、子どもが安全に過ごしていれば、日常生活の全ての点にまで合意しなくても構いません。

・両親はそれぞれが子どもの世話という「仕事兼遊び」に全力投球します。ですから、いわゆる「ディズニーランド式育児」（片方の親は子どもと遊び、他方の親が厳しくする育児）はできませんし、「後でパパ（ママ）に叱ってもらうからね」というセリフも使えません。

ですから、父親は育児で「母親力」を意識すべきかもしれませんし、逆もまたそうです。親は意識してリーダーシップを発揮したり、冒険させたりする必要もあるかもしれません。子どもが擦り傷や打撲を負うこともありますが、受け入れましょう。それが子どもにとって良いことなのです。

・両親はそれぞれの家庭で、ルールと日課について前向きなプランを作りましょう。

・子どもの勉強や習い事、友達との約束などに関する情報収集は、両親がそれぞれ責任を持って行いましょう。スポーツチームからのメールは二人に送られるように手配し、学校の情報が掲載されるサイトのパスワードは両方の親が管理し、子どもの友達の親の連絡先はそれぞれで用意して、自分の養育時間中のお誘いには直接返事ができるようにしましょう。

・両方の親が子どもの友人関係を把握し、両方の家から連絡ができるようにしましょう。

・お互いの育児スタイルを尊重しましょう。相手に相談はできますが、あくまで相談です。話し合いで相手と同意できなければ、安全面の問題がない限り違いを受け入れましょう。争うなら、賢く争いましょう（安全面の心配がある場合は、介入が必要です。心配の程度に応じて、かかりつけ医、弁護士、警察などに相談することを勧めます）。

●●●

共同養育パートナー同士は、子どもの食生活、ＴＶ、ＰＣの使用時間、整理整頓、就寝時のルーティンなどについて、考え方が違うことがよくあります。ある母親は「彼はマカロニチーズパパ（訳注：簡単な料理しか作らない父親の意）かもしれないけど、最高のマカロニチーズパパになればいいと思う」と言います。

●●●

親子が1対1になる大事な時間

子どもが二人以上いる場合、親子が二人だけで過ごす時間を持つことも必要です。養育スケジュールが決まると、養育当番の時間中は一人で子ども全員の世話をすることになります。父親がある子どもと過ごす間に、母親が別の子どもと買い物に出かけたりすることはないのです。しかし、親子が1対1の水入らずの時間は、工夫をすれば簡単に実現できます。

ラボンヌとディアドレは双子姉妹の母親（訳注：同性カップル）でした。双子姉妹は仲良しでしたが、ライバルでもありました。

ラボンヌとディアドレは、娘たちが時には親と1対1で過ごす時間が必要だと感じ、毎週の習い事の時間にその時間を設けることにし、その組み合わせも変えるようにしました。その結果、双子姉妹もお互いに離れる時間を持つことができました。

新パートナーを紹介する準備

親が新しいパートナーを迎えることは、家族全員にとって大きな変化です。子どもにとっては、これから何が起こり、それが自分にどのように影響するのかが心配かもしれません。新パートナーも、不安や疑問を感じているでしょう。新パートナーにも子どもがいるかもしれません。

最初はなるべく、あなたと共同養育パートナー（元配偶者）で子どもの世話をしましょう。新パートナーに養育してもらったり、あなたと共同養育パートナー、新パートナーの三人で養育したりすると、慎重にしないと失敗します。詳細は、第10章を参照してください。

まず、共同養育パートナーに知らせましょう：あなたの共同養育パートナーは、あなたの新パートナーの話を聞きたがらないかもしれません。しかし子どもが知った時に、共同養育パートナーからも「（新しい人とは）うまくいくから大丈夫だよ」と言ってもらうには、伝えておいた方がいいでしょう。

両親が決め事をすることに変わりはありません：新パートナーが家族の一員になっても、子どもに関する決め事をするのは、あくまでも共同養育パートナーです。時間がたって大人たちに新しい関係が築かれ、新しい合意が結ばれるまでは、元の共同養育計画書が家族生活の土台です。

二つの家がある家族を知ってもらいましょう：新パートナーが共同養育の取り決めに慣れて、二つの家がある家族の中で役割を見つけられるようにサポートしましょう。

親族の「善意」が裏目に出る時

両親が別居をすると、他の人々――例えば祖父母や親族、親しい友人など――もそれに対応する必要があります。親族の中には、自分と血縁関係がない方の親を敬遠したり、「家庭を壊した」などと責めたりする人もいるかもしれません。そうならないために事前の説明が必要です。

次のようにあなたの期待を伝え、友人や親戚にもあなたの子どもをサポートしてもらいましょう。

・落ち着きのある態度を取ってほしいこと、周囲の理解とサポートが必要であること、そして礼儀正しさを保ってほしいことを伝えましょう。

・子どもの耳に入る会話に気を付けてもらいましょう。自分の怒りや失望の気持ちを口に出してしまう人がいるかもしれませんが、それを聞いた子どもは混乱します。大人がどちらかの親の味方をしたり、非難したりすると、両親を特別な存在として愛している子どもは傷つきます。

・それぞれの親が、自分の親族の窓口になりましょう。どちらが親族に連絡を取るべきか迷った場合は、血縁関係を尊重しましょう。

・子どもや元配偶者と接する際に、礼儀正しい態度のお手本を示して、親族や友人たちにも自然に見習ってもらいましょう。

ペットはどう扱うか

ペットの扱い方はさまざまです。年齢に応じて子どもの意見も聞いてください。子どもの養育スケジュールに合わせてペットを移動させる家族もいますが、ペットにとって負担になることもあります。場合によっては、他の動物や人間と十分に交流でき、運動もできるような新しい飼い主を探す方がいい場合もあります。ペットを扱う際のこまやかな気配りや対応から、あなたの家族一人一人への気配りが子どもにも伝わります。

第4章のまとめ

・慣れるには時間が必要です。ルーティンとスケジュールで、新しい日常が始まります。
・両親の間に対立があると、子どもが新しい生活に慣れるのに時間がかかります。
・養育スケジュールは、子どもの日常生活のリズムの土台となります。
・あなたとその共同養育パートナーは、それぞれの家の養育スケジュールを管理します。
・最高の共同養育ができるように両親が協力することは、子どもにとって良いことです。
・どちらかの親が遠くに引っ越しても、子どもが両方の親と関係を持てるようにしましょう。
・当番親の交代方法は大切です。落ち着いてスムーズに交代できるようにしましょう。
・二つの家の間に適切なラインを決めて、お互いの育児のスタイルを尊重しましょう。
・子どもの人生の意思決定権者は、共同養育パートナーの二人です。新パートナーができても、共同養育パートナーが中心に子どもの世話をする方が、子どもに良い結果になります。

第5章 連絡

なぜメールのやりとりは危険なのか

「共同養育が上手な両親は、うまくコミュニケーションし、妥協し、協力しています。このような関係になるには何年もかかることがあります」

——**マイケル・スコット**（調停人・結婚と家族セラピスト）

有益なコミュニケーションは、敬意と礼儀に始まり、敬意と礼儀に終わります。大事なことなのでもう一度繰り返します。有益なコミュニケーションは、敬意と礼儀に始まり、敬意と礼儀に終わ

ります。ああ、言うだけならなんと簡単なのでしょうか。具体的には次のようなことです。

・「元配偶者」ではなく「子どものもう一人の親」に伝えるつもりで書き、話す。
・穏やかな表現を使う（上司に話しかけるように）。
・相手をののしらない。
・相手を怒鳴るために文字を強調したり絵文字を使ったりしない。
・役立つ情報を整理して簡潔に書く。
・メールの件名で内容が分かるようにする。
・同じ内容のメールは何度も送らない（逆効果になる）。
・必要な場合は迅速に（24時間以内に）返事をする（「明日返信します」という内容だけでも）。
・対立をあおり、感情を逆なでするメールやメッセージは無視する。火に油を注がない。

イライラや怒りを感じたら、コミュニケーションを控えて、休憩、運動、瞑想、映画鑑賞などをする方がいいでしょう。冷静に問題解決ができそうになったら、連絡を再開します。

子どもには両親が対立する様子を見せないようにしましょう。子どもはそれを見ると怖がり、自分の両親は自分の世話ができないのだと思います。そして、自分がどちらかの親の味方をして、その親の世話をし、対立を解決しなければと考えるようになります。

相手にメールを送る前に、時間を置いてから再確認し、礼儀正しい内容にしましょう。対立しそうになったら、深呼吸して相手の考えを確認します。自分が間違っていたら素直に謝ります。

すぐに言い返さずに我慢し、深呼吸をして、礼儀正しく振る舞いましょう。

相手が礼儀正しくなくても、あなたが礼儀を心がければ、協力関係に近づきます。相手がどうするかにかかわらず、あなたから正しいコミュニケーションの方法を相手に示しましょう。

「いいえ、結構です」という言葉には力があります。言葉や文章で、自信を持ってはっきり伝えるようにしましょう。理由を言う必要はありません。情報を補足することもありますが、シンプルに「すみません、できません」と言う方が、建設的な力があります。逆に相手から丁寧な断りの返事をもらったら、理由を聞いたり、悪い方に考えたりしないようにしましょう。

「はい、もちろん」という言葉には価値があります。この言葉は、困難な中でも、子どもに関しては二人が同じチームにいることを思い出させます。相手への親切を心がけましょう！

連絡の方法は、両者の性格や好みに左右されます。ただ、夫婦関係を解消した二人には一定の距離が必要なことを忘れないでください。電話、メールなどの手段や、そのスタイル（定期連絡か単発連絡か、メッセージの長短など）はよく考えましょう。次のことを考慮します。

・二人の間に一定の距離を保ち、互いのプライバシーを尊重すること。
・意味があること――何のためのやりとりかを考える。
・お互いにとってうまく機能すること。

・敬意を示すこと——時間をかけて考え、感情をコントロールする。

コミュニケーションがうまくいく「5つのC」

コミュニケーションには練習が必要です。私たちは「自分は自由に意見を言えるし、それは相手に聞いてもらえる」と考えがちですが、そうとは限りません。言いたいことを言えば自分はすっきりしますが、感情を爆発させて主張を押し通そうとするのは、時間の無駄です。

元夫婦間のコミュニケーションがうまくいく「5つのC」をご紹介します。

1. **CALM（穏やかさ）**：気持ちを整えて、相手に礼儀正しく接してください。気持ちを乱されても、すぐに反応してはいけません。返事をする前には、心を落ち着ける時間を取りましょう。
2. **CONTAINED（自制心）**：不意打ちで話し合いをするのはやめましょう。事前にテーマや時間、話し合う方法を決めておけば、トラブルを防げます。

●●●

レズリーとグラントはメールを好みませんでした。毎週月曜日の朝に30分間電話をする方が、効率的だと考えました。前日の夜にメールでテーマを交換し、電話中はどちらかが決まったことをメモし、電話後に相手と共有しました。

スキップとCJは、メールが良いと考えました。メッセージのやりとりの明確なルールを決めました。電話連絡は緊急時だけにしました。

ブリとデビッドは、ウェブ上の連絡プラットフォームを使うことにしました。利用者に適切な言葉使いを教えてくれる機能があり、メッセージの長さも管理できるようになっています。過去の記録にも簡単にアクセスできて便利です。

●●●

3. CLEAR（明確さ）：明確なメッセージを伝えて内容を正確に受け取ることが必要です。相手のメッセージに耳を傾けましょう。何か気になることはないでしょうか？　子どものためになるやりとりでしょうか？　そして自問しましょう。自分は相手に敬意を持っているだろうか？　何のための連絡なのか？　相手に勝とうとしていないか？　相手を傷つけていないか？

4. CREATIVE（創造性）：さまざまな子育て方法があること知り、相手の子育て方法の自由も柔軟に認めましょう。どちらでもいいことを争っていませんか？　意地の張り合いに注意しましょう。時にはコインを投げて決めてもいいようなことがあるはずです。

5. CHILDCENTERED（子ども中心思考）：共同養育の目標を思い出しましょう。問題を解決し、子どもの生活がスムーズに進むように決めましょう。

●●●

メルとフランキーには離婚で争ったわだかまりが残り、息子の学校行事の分担もうまくいきませんでした。息子のシドニーは戸惑っていました。

ある週末、シドニーがフランキーと一緒にいた時、メルはベビーシッターに電話して、フランキーの養育時間中に開かれるシドニーの発表会について、ベビーシッターに指示を始めました。これにフランキーは怒りました。メルが自分の養育時間に干渉したからです。

二人はメールで争いました。フランキーは、メルが出席するならシドニーを発表会に行かせないと言いました。彼の養育時間に、メルの居場所はなくなったのです。

●●●

この出来事を「5つのC」で検証してみましょう。

・CALM（穏やかさ）：両親は共に落ち着いていませんでした。
・CONTAINED（自制心）：メールの応酬はコントロール不能でした。
・CLEAR（明確さ）：両親は相手と自分を冷静に客観視せず、問題も解決策も不明確でした。
・CREATIVE（創造性）：激しく対立した二人は、柔軟性や創造性を失いました。
・CHILDCENTERED（子ども中心思考）：結果は子ども中心とはほど遠いものでした。

●●●

フランキーは、メールで怒っても仕方がないと知っていたはずです。冷静にメルに連絡を取り、態度を変えてほしいと求めるべきでした。

メルはフランキーの怒りに耳を傾けなかったので、自分の行動が間違っていたことにも気付かず、「売り言葉に買い言葉」となってしまいました。メルは、二人の間のラインを

対立解消のためのコミュニケーション

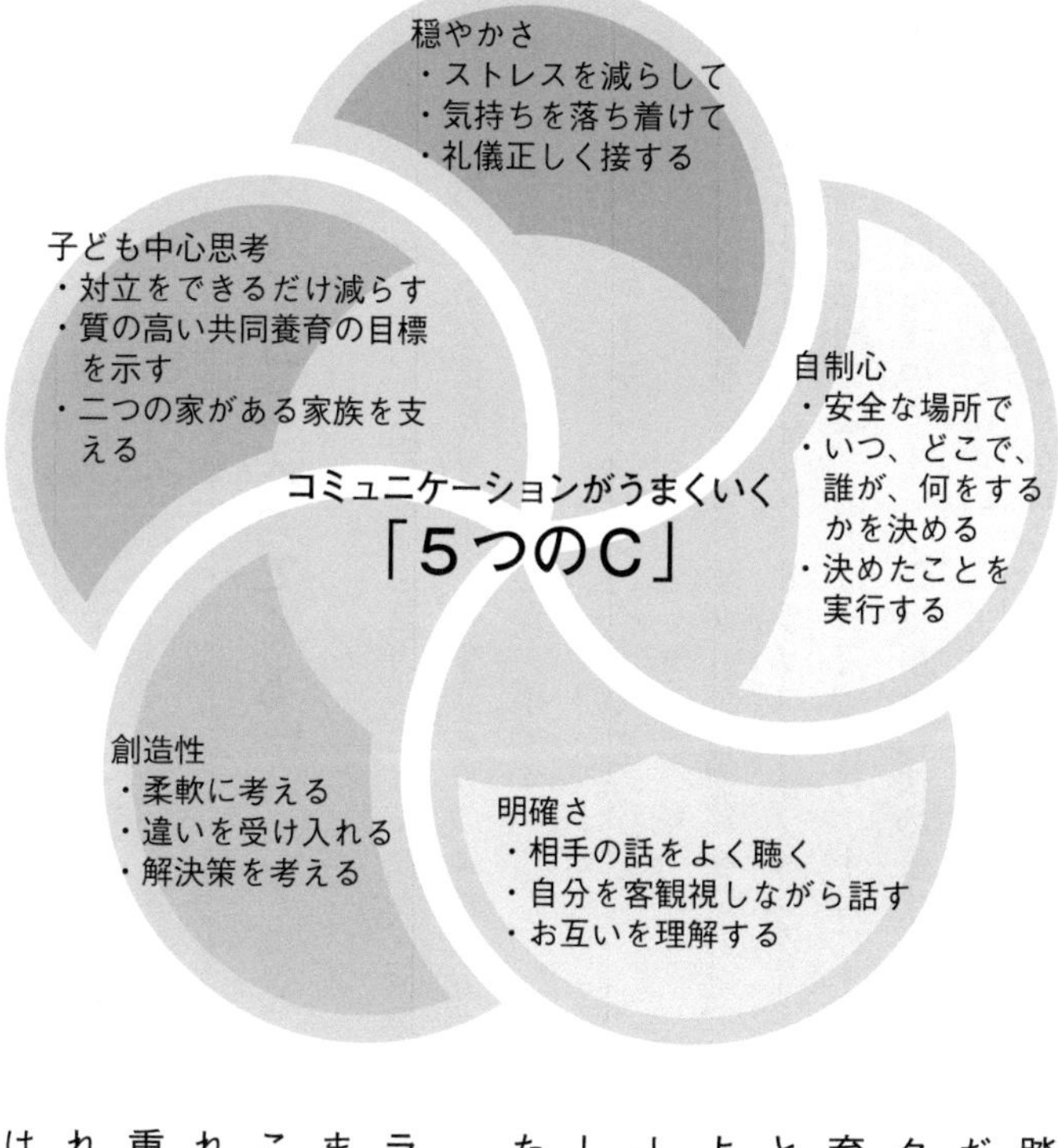
穏やかさ
・ストレスを減らして
・気持ちを落ち着けて
・礼儀正しく接する
子ども中心思考
・対立をできるだけ減らす
・質の高い共同養育の目標を示す
・二つの家がある家族を支える
自制心
・安全な場所で
・いつ、どこで、誰が、何をするかを決める
・決めたことを実行する
コミュニケーションがうまくいく
「5つのC」
創造性
・柔軟に考える
・違いを受け入れる
・解決策を考える
明確さ
・相手の話をよく聴く
・自分を客観視しながら話す
・お互いを理解する

踏み越えたことを謝るべきだったのです。ベビーシッターには、フランキーの養育時間中にある発表会のことはフランキーに連絡するように伝え、またフランキーには、今後は同じことはしないと約束すればよかったのです。

少し時間がたった後、フランキーは手短に「今はあまりに腹が立っているので、これ以上やりとりを続けられない。僕の養育時間を尊重してくれるなら、来てくれても構わない。シドニーは発表会に出るよ」とメールしました。メルは「良いお客になるわ。ありがとう」と返信しました。「5つのC」に基づいて行動した結果です。

●●●

「パパがバスルームに入ってくる」

共同養育パートナーは、日常的な連絡方法だけでなく、緊急の連絡をする際の方法も決めておきましょう。また、大事な情報は仕事上のやりとりのように分かりやすく効率的に伝え、合意したことはメモしてきちんと残しておくことが大事です。

年3回のミーティングでメールを減らす

共同養育には計画と調整が必要ですが、毎日連絡を取ると、コミュニケーションの量が多くなり過ぎます。そこで、数カ月ごとに「ビジネスミーティング」を開くことをお勧めします。対面またはオンラインで、年に約3回、例えば3月、8月、1月にミーティングをして、誤解が起きやすいメール連絡の量を減らすのです。議題は事前に決めます。付録の「共同養育ビジネスミーティングチェックリスト」もご覧ください。

3月のミーティング：4月から7月までの学校生活と夏休みの計画を立てます。話し合いの内容は、祝祭日や休校日、学業の状況、夏の課外活動、病院の予約、今後4カ月間の養育スケジュールなどです。夏の休暇やイベントなども、できる範囲で予定を立てましょう。

8月のミーティング：学校の後半の計画を立てます。冬休みの計画、休校日や学校行事、病院の予約など、年末までの必要な内容を話し合います。

1月のミーティング：春休みの計画を立てます。成績を確認し、春のスポーツや課外活動についても話し合いましょう（訳注：各月の内容は、日本の学期に合わせて一部修正しています）。

共同養育のビジネスミーティングは、その名の通り、事前に決めた議題について話し合うためのもので、カフェなどで行います。ある親が企画して議題を作ったら、もう一人の親は決まったことを議事録にメモするなど、仕事を交互に分担しましょう。一緒に決めた内容や仕事の割り当て、スケジュールなどは議事録として残し、後で必要な時に見られるようにしましょう。

以上のミーティングのモデルを、自分たち流にアレンジしても構いません。1年に4回以上のミーティングをする共同養育パートナーもいます。自分たちに合った方法を見つけましょう。

養育当番の交代時に伝えるべきこと

養育当番を交代する時は、メールなどで次の内容を引き継ぎましょう。

・健康状態の変化（身体的・精神的）
・必要な予定、あるいは決まった予定

・学校や保育園での様子など
・子どもが関わる重要な家族の行事
・友達関係の変化や気になったこと
・日常生活の変化。例えば睡眠や食事などについて気が付いたこと
・次に親の当番の交代をする時の方法など

特に報告することがない場合は、「ここ数日は穏やかでした。特に報告はありません。全て良好です」といった簡単なメールを送ってください。相手がメールを見つけやすいよう、「引き継ぎ事項」のような分かりやすい件名を付けましょう。メールの例を見てみましょう。

件名：9／8(日)引き継ぎ事項

パティへ
体調：金曜日にチェルシーの歯科矯正の調整をした後、週末にかけて4時間ごとに解熱鎮痛剤を飲ませていました。最後に飲んだのは今朝9時です。
予約：次の矯正歯科の予約は2週間後です。同席したい場合はどうぞ。
学校：マックスは火曜日に学校で写真撮影があります。お便りは彼のリュックサックに入っていて、支払いが必要です。私の分は封筒に入れました。

日常生活：二人とも目覚まし時計で起きられるようになりました。

最後に。チェルシーはミケーラとの外出から帰ってきたのですが、二人とも菜食主義者になることを決めたようです。頑張ってください！

水曜日の放課後に子どもを引き取ります。よろしくお願いします。

キャシーより

さらに詳しい引き継ぎをすることもあります。学習障害があれば、宿題の引き継ぎはもっと細かくする必要があるでしょう。慢性の病気がある場合は、服薬管理が必要です。一般的な引き継ぎテンプレートを使って、内容を調整するのもいいでしょう。

子どもが自然に勉強する習慣づくり

二つの家で子どもの勉強を見るには、ルーティンを決め、情報を共有することが重要です。親はそれぞれ独自のルールをつくることもできますが、勉強に関しては二つの家で似たルーティンを決める方が良いでしょう。勉強には習慣やパターンが大事だからです。

勉強の方法、時間、場所を決めて、それぞれの親が指導・監視します。両方の親が学校の保護者会や説明会に参加することをお勧めします。そうすれば両親はどちらも宿題を見られますし、他方の親に聞く必要がありません。両親が連絡を取る必要があるのは、大きなイベントがある時や、問題行動が発生した時です。以下は、両親が子どもの学習に取り組んだ例です。

件名：宿題

フランクへ

金曜日にエイミーは数学のテストがあって電卓が必要です。宿題を終えたら電卓をカバンに戻すように言っていますができません。協力してもらえると助かります。

サラは相変わらず「宿題は学校で終わらせた」と言います。宿題がない日は、読書を1時間する約束があるのに、言うことを聞いてくれません（そして、たいてい宿題は終わっていません）。この問題はまだ完全に解決していません。では、また。

ペグより

養育スケジュール変更依頼メールの正しい書き方

養育スケジュールの変更の依頼は、新規メールで、分かりやすい件名（「10月6日土曜日スケジュール変更依頼」など）で送る方が良いでしょう。本文では、養育時間の交換（第4章参照）を頼んでいるのか、譲渡（同）を頼んでいるのかをはっきりさせます。理由は説明してもしなくても構いません。ただ、これはあくまでもお願いです。相手は「もちろん、喜んで」と答えてもいいですし、「申し訳ないけれど、都合が合わない」「代わりに○日はどうか」と答えることもできます。なるべく早く回答しましょう。例を見てみます。

件名：スケジュール変更依頼・2月2日〜4日の週末

マットへ

私が養育当番の2月2日から4日に用事が入ってしまいました。その前後の週末と時間を交換してもらうことはできますか？ 金曜日の朝、子どもを学校に送るので、その日の午前9時から当番をお願いできればと思います。その場合、子どもは日曜日まであなたと過ごします。ご返事をお待ちしています。ご協力に感謝します。

ブレンダより

件名：RE：スケジュール変更依頼・2月2日〜4日の週末

ブレンダへ

その週末は子どもを見られますが、前後の週末はもう子どもと過ごす予定を入れたので、交換できません。2月2日から4日まで僕が当番になった方がいいかお知らせください。交換するなら、3月の週末と交換するのはどうでしょうか。

マットより

件名：RE：スケジュール変更依頼・2月2日～4日の週末

マットへ
完璧です！それで問題ありません。ありがとう。3月9日の週末に私が子どもを引き取れたらうれしいです。養育スケジュールを変更しておきました。
ブレンダより

マットとブレンダは、以下のような点で素晴らしい対応をしています。

- 文章が明確で簡潔であること（マットはブレンダの依頼を正しく理解しました）
- 礼儀正しく、シンプルな内容で事実のみを伝えていること
- 敬意を示していること（ブレンダは相手にプレッシャーをかけず、簡潔に依頼しました）
- 寛容さを示していること（マットは自分にもブレンダにも都合の良い代替案を探しました）
- 感謝の気持ちを伝えていること

一方で、ネガティブな感情に動かされると、簡単にコミュニケーションは崩壊します。クリスティが子どもと過ごす時間を増やしてもらうように頼んだ時のメールを見てみましょう。

件名：子どものこと

サムへ
もう聞いたかもしれないけど、来週の土曜日は私の卒業式で、私にとってとても大切な日なので、息子たちにもお祝いしてもらいたいの。息子たちから聞いたけど、ここ最近あなたは、週末はほとんど仕事で、ベビーシッターが来ているそうだから、私の所に来てもらう方が息子たちのためにもなるので、常識に従って、面倒を起こさないようにしてもらえたらと思います。
クリスティより

では、このメールの問題点を見ていきましょう。

・クリスティは、サムが知っていることや、子どもとの過ごし方について決めつけています。
・クリスティは礼儀正しくなく、日付や時間、受け渡し方法などを明確に伝えていません。
・ベビーシッターの利用に批判的です。もし心配なら、その是非を別に話し合うべきです。
・提案に同意しなければ「面倒な人」になるかのような失礼な締めくくりをしています。

クリスティはコーチングを受けた後、より礼儀正しいメールを送りました。

件名：宿泊スケジュールの変更依頼―土曜日

サムへ

こんにちは。

来週の土曜日、養育スケジュールの変更をお願いしたいと思っています。自分の卒業式の日程を間違えていました。息子たちにもぜひ私の卒業式に出席してほしいので、もしあなたに息子たちとの特別な予定がなければ、お昼頃に息子たちを引き取らせてもらって、祖父母と早めの夕食を済ませてから送り届けたい（6時ごろです）のですがいかがでしょう。ご返事をお待ちしています。もし都合がつかなければ仕方がありませんが、一部の時間だけでも変更が可能であれば、とても助かります。

クリスティより

礼儀を守れば、信頼感を壊さずに済み、前向きな返事をもらえる可能性も高くなります。たとえ返答がノーであっても、より思いやりがある返事をもらえるでしょう。

緊急連絡方法の決め方

子どもについて、緊急連絡が必要になることがあります。共同養育パートナーの間で、急ぎの連絡をどのようにするかは決めておきましょう。メール連絡なら、件名の冒頭に「緊急」と入れましょう。緊急連絡を受けるのに、テキストメッセージが良い親もいれば、電話が良い親もいます。

けがなど緊急時には電話を優先する

子どもと一緒に救急病院に向かうことになったら、その途中でも、まず共同養育パートナーに連絡すべきです。留守番電話なら、どこの病院になぜ行くのかを落ち着いて説明しましょう。「緊急事態」というテキストメッセージが「すぐに電話を欲しい」という意味なら、そのことを共同養育パートナーと確認しておくのもいいでしょう。

子どもに他方の親の問題を打ち明けられたら

子どもが、あなたの共同養育パートナーに気持ちを傷つけられていたらどうしますか？ あるいは子どもが毎回のように、もう一人の親と過ごすのを嫌がる場合はどうでしょうか？ 安全面の問題がある場合は別の対応が必要ですが、そうでない場合、共同養育パートナーに子育てのやり方を変えてもらう必要があるかもしれません。考えるべきポイントをいくつかご紹介します。

まず、共同養育パートナーの意図を決めつけないで、子どもの話をよく聞きましょう。慎重に事を進めないと、あなたが自分の感情に振り回されて、大失敗をしてしまいかねません。

「ねえ、パパとうまくいってないみたいだね。どうしたの？」

次に、問題を正確に把握しましょう。あなたの推測が正しいかどうかを確認しましょう。

「あなたがシャワーを浴びている時に、パパがバスルームに入ってくるのが不安なの？パパは『物を取ってすぐに出るだけだ』と言っているのね。前にバスルームでのプライバシーについて話したのに守られていないと。その理解で合っている？」

その後、言いにくいことを話してくれて感謝していることを伝えて、問題は解決できるから自信を持つように伝えましょう。年長の子どもなら、まずはもう一人の親と自分で話すように励ますこともできます。その目的はあくまでも、子どもは安全だから、養育スケジュールを拒否したりする必要はないことを子どもに知ってもらうことです。

「話してくれてよかった。きっとパパは、あなたがそれをどれだけ嫌なのかが分かっていないんだと思う。何か方法を見つけようね。パパと話してみるけど、その間のパパとの時間も大切だから、今週の木曜日もパパのところに行きましょう。それでいいかな?」

●●●

共同養育パートナーには、自分の判断や臆測、解釈を入れずに、事実だけを伝えてください。子どもの言葉をそのまま伝えましょう。とはいっても、あなたから伝えることになるので、相手は受け入れにくいかもしれません。伝えるタイミングと方法をよく考えましょう（既に深刻な対立が起きていて解決できない場合は、専門家の助けを借りましょう）。

●●●

ママ（パパへ）：「ねえ、ダン、ジェニーが昨夜すごく困っていたの。何があったのか聞いたら、こう言っていたんだけど（ジェニーから聞いた話を説明）……。あなたは心当たりがある？　前に、女の子にはプライバシーが必要だという話をしたわね」

パパ：「ああ、心当たりはあるよ。子ども用のシャワーを使うように頼んでいるのに、ジェニーは僕の部屋のシャワーを使うんだ。すると僕が自分の部屋に入れなくなる。僕のシャワーを使うなら、僕が自分の部屋に入るのは我慢してくれないと」

●●●

問題の解決に協力しましょう。情報を共有したら、相手に考える時間と行動のチャンスをあげてください。最初は期待した答えでなくても、時間がたてば決断をしてくれるでしょう。

ママ（パパへ）：「なるほど。ジェニーがなぜ子ども用のシャワーを使わないのか分からないけど、あなたが部屋に入ってくるのは恥ずかしいみたい。ジェニーと話し合っていい方法を見つけてくれないかな？ 三人で話し合ってもいいけど。ジェニーにとっては、あなたが思っているよりも大きな問題だと思うわ」

●●●

時には当事者の親子で話し合ってもらうことによって、解決できるかもしれません。親は、自分で他方の親の間違いを正そうとしがちです。しかし、安全上の問題がある場合を除き、子どもと他方の親との関係も悪化させることがあるので、必ずしも良い方法とは言えません。

●●●

パパ（ママへ）：「ジェニーが子ども用のシャワーを使えば、プライバシーは守れるよ。別にわざわざ話し合わなくてもそうすればいいいじゃないか」

ママ（ジェニーへ）：「ジェニー、パパと話したんだけど、あなたはパパのシャワーを使っているのね。パパの家では子ども用のシャワーを使ったらどうかしら」

ジェニー：「あのシャワールームは狭いし、いつも床にタオルが落ちているから嫌なの！パパが外に出ていてくれればいいのに、どうして駄目なの？」

ママ：「イライラする原因が他にもあるみたいね。弟がシャワールームを散らかしているとか……。でも自分の問題は自分で解決しなくちゃいけないの。タオルを片付けて、鍵を閉めてシャワーを浴びなさい。できそう？」

●●●

親は完璧ではありません。親は子どもの幸せのために、自分が持っている能力を駆使して何とかやっていくのです。

離婚後の家族ではさまざまな問題が起きます。二人の親は、日々の習慣からお金の使い方、テレビ、食べ物まで考え方が違います。親に新パートナーができると、さらに複雑になります。思うようにいかないと感じると、親は子どもを守りたい気持ちばかりが強くなりがちです。「共同養育パートナーにもっと共感力があれば……」と思うこともあるでしょう。しかし相手の子育てについて、何かを変えてもらうように求める場合は、慎重にしましょう。どうしても必要な時に限り、敬意を持って相手に変更を頼むようにしてください。

メール、メッセージアプリ、電話の使い分け

以下のコミュニケーションのヒントは、両親向けですが、多くは子どもにも当てはまります。

メールは感情を刺激しやすい

メールは便利ですが、感情的な内容には適していません。文章は感情を刺激しやすいからです。メールでもうまく連絡できるのなら問題ありませんが、そうでない場合は別の方法を探してください。メールに向いている内容は、以下のような事務的なものです。

・受け渡し時の伝達事項
・スケジュール変更の依頼
・お金の情報（第7章参照）
・共同養育に関するミーティングの議事録
・その他の合意した内容の記録

連絡専用のメールアドレスをつくるのもいいでしょう。共同養育パートナーからのメールは仕事中に見てしまうと気が散りますが、専用のアドレスなら、いつどこで見るかを自分で決められます。メールは毎日チェックし、心を整えてから、丁寧にタイムリーな返信をしましょう。

メールの受け渡しを1日や1週間に1回とするなどのルールを決めれば、適切なメールの習慣を身に付けやすいです。別居直後は心の回復を優先し、連絡は少なめにしましょう。

メッセージアプリは好き嫌いがある

メッセージアプリ（訳注：LINEやショートメッセージなど）は迅速な情報のやりとりに便利ですが、相手がそれを好まない場合は、相手の考えを尊重してください。一方で、メッセージアプリを好む人もいます。以下のような場合は、メッセージアプリが使われることも多いようです。

・養育時間の交代の待ち合わせに遅れる場合
・広いサッカー場などで、待ち合わせの正確な場所を特定する場合
・約束していた子どもの持ち物を届ける際に、到着したことを知らせる場合
・メールを送信したことを、念のため知らせる場合
・緊急事態が起きた時に「すぐに電話をください」という意味で送る場合

電話するには心の準備が必要

電話でうまく連絡できる両親もいます。電話なら直接個人的な話ができますし、二人の関係が良ければ早く簡単に問題解決ができ、共有できる情報量も多くなります。電話の使用について両者の心の準備ができているかを考えて、連絡手段に使うかどうかを決めましょう。

元配偶者と親友になる必要はない

あなたと元配偶者が、子どもの競技会などで一緒に座って話ができることはあるでしょうか？もしかしたらその日は永遠に来ないかもしれませんし、それでも構いません。ただ、もしもそのよ

うな日が来れば、子どもにとっては非常にプラスになります。

共同養育をする人の多くは、時間がもたらす変化に驚きます。元夫婦が別居後に十分に距離を置き、対立を最小限に抑えてそれぞれの生活に集中していれば、元配偶者と顔を合わせることが苦にならなくなるようです。

●●●

メリッサとジムは、ブランディが10歳の時に別居しました。それは波乱に満ちた、家族の解体と言っていいものでした。その後、メリッサとジムは、簡単な挨拶以上の交流はできませんでした。

14年後、ブランディの大学の卒業式には両親が出席しました。最初はいつものように別々に座っていましたが、式の後、芝生の上で娘を祝福するために会った時、両親は別居してから初めて、美しい娘と一緒に家族写真を撮りたいと思いました。

●●●

人間関係の鍵は、自分自身を知り、相手を尊重することです。自分ができないことを無理にしようとすると傷つきます。また、自分の考えを他人に押し付けると、人間関係が悪化します。子どもからすれば、親同士が親友である必要はありませんが、二人が会場でリラックスして一緒にいてくれれば（たとえ二人が会場の反対側に座っていても）、それだけでうれしいことでしょう。

オンライン家族カレンダーの活用法

オンラインの家族カレンダーは、両親が子どもの複雑なスケジュールを二つの家庭で共有するのに役立ちます。カレンダーの利点は、両親が子どもの情報にそれぞれアクセスでき、スケジュール調整が簡単になることです。子どもがある程度の年齢になれば、子どもも見られるようにすればいいでしょう。

また両親の対立が続く場合は、共有カレンダーによって親同士の接触を減らしつつ、養育スケジュールやさまざまな予定、特別な日などを共有することができます。親がそれぞれ別々のカレンダーを管理するより、行き違いも起きにくいです。シンプルな月間スケジュールから、メールの管理と保存、掲示板、自動リマインダー、フィルター機能が付いたスケジュールまで、さまざまなカレンダーがあります。

コミュニケーションのコツは、コミュニケーションの方法について同意し、その内容を尊重しつつ、必要に応じて柔軟に見直すことです。

子どもにスマホを持たせるべきか

あなたと共同養育パートナーとのやりとりが、お手本となるように心がけましょう。そうすれば、子どものコミュニケーション能力が高まり、難しい状況にも対応できるようになります。

子どもは、あなたと一緒にいる時にもう一人の親に連絡して構わないと分かると安心するので、年齢に応じて連絡方法を用意しましょう。ただスマートフォンは、もう一人の親が自分の養育時間中にスマホ使用を認めないかもしれません。その家のルールを尊重してください。

子どもが大きくなり、両親がスマホを持たせることに同意した場合、メッセージアプリやビデオチャットの使用について各家庭でルールを決めましょう。あなたの共同養育パートナーが決めたことも尊重してください。なお、子どもがあなたの共同養育パートナーと一緒にいる時間に、あなたが親友に送るように子どもにメッセージを送るのは、歓迎されないかもしれません。

子どもが非番の親と定期的に連絡するようにすれば、当番親のスケジュールを邪魔せずに済みます。夜なら遅過ぎず、朝なら早過ぎない時間に連絡するルールをつくりましょう。

子どもが一定の年齢になれば、親といつ、どのように連絡を取るかは本人に決めさせましょう。

子どもが他方の親の家にいる時、子どもにはその家での生活リズムがあります。子どもの心の中にあなたはいますが、子どもは目の前のことを楽しんでいる時、あなたのことを考えていないかもしれません。子どもに電話をすることを強いたり、連絡がないとがっかりした様子を見せたり、さらに「私が嫌いなの？」と言ったりして子どもに罪悪感を持たせると、子どもは自分のことに集中できなくなってしまいます。

子どもが親に知らせたいようなニュースがある時は、もう一人の親に電話するよう勧めてみましょう。強制はせずに優しく促してみましょう。

「メイソン、本当に？ すごい！ 希望した役になったんだね！ ママも聞きたいだろうから電話してみたら？ 直接メイソンから聞いたらママもきっと喜ぶよ」

・・・

第5章のまとめ

・家族のコミュニケーションは、共同養育を支えるだけでなく、子どもが将来、難しい人間関係を乗り越える時のお手本にもなります。
・両親の別居後は、親子共に新たな能力を身に付けます。二つの家がある生活に慣れるには、別居前には鍛えられなかったスキルを磨く必要があるのです。
・両親の良好なコミュニケーションを土台に、子どもは、自立した有能な大人に育ちます。

第6章

意思決定

別れた相手と一緒に決める方法

「共同養育は競争ではありません。子どものための共同作業です」

——ヘザー・ヘチラー

共同養育計画書には、親の意思決定の方法が書かれています。一方の親だけが決めることになっている場合もあれば、医療・教育など、重要な決定のほとんどを両親が一緒に決めることもありますが、この章では、元夫婦が共同で意思決定をする方法について説明します。日常的な決め事から緊急時の決め事まで、親が一人で、または共同で決める際の手順を説明します。

共同養育ビジネスを経営する

会社と同じように、二つの家がある家族にも、有能な経営陣が必要です。

経営が傾いた会社の社員は転職できます。しかし子どもは、その家族を辞めて別の家の家族になることはできません。ですから親は、子どものために共同養育を成功させなくてはいけません。両親の関係が悪ければ、ビジネスで使われる方法を取り入れましょう。対立を減らして意思決定ができ、子どもは問題なく生活できるようになります。まず、次のことに気を付けてください。

・感情をコントロールする。
・効果的な計画を立てる。
・必要な決定や大事な決定に意識を集中する。
・相手への礼儀を失わないようにする。
・子どもを最優先にする。
・子どものニーズに素早く対応する。

共同で意思決定をする時には、他方の親（共同養育パートナー）の意見を尊重することが大事です。自分の意見を押し通そうとしたり、説得したり、脅したりすると関係が悪くなります。また、意思決定をした後は、原則として、両親はその実行に二人で責任を負います。

相手への敬意がなければ、共同養育は批判や権力闘争になりやすく、うまくいきません。過去と決別できれば、二人は自由に、新たな立ち位置を見つけられます。相手の変化を受け入れ、子どもの育て方を考え、「子どものため」という目標を掲げる時、より良い未来が始まります。

●●●

シルビアは別居後、スポーツカーを買いました。シドは、それを見て「あり得ない」と思いました。「子どもの習い事にお金を出さないのに、自分には高級車を買うのはおかしい」と考えたのです。一方、シルビアは「子どもが欲しい物やしたい習い事に何でもお金を出すシドは、子どもを甘やかしている」と考えていました。

この対立を考えてみましょう。彼らは、子どもの習い事について生産的に問題を解決して合意（親マインド、第1章参照）しようとせず、相手を批判しています（配偶者マインド、同）。

●●●

これが、ビジネス上のミーティングだったら、次のような方法で意思決定をするはずです。

・ミーティングの適切な時間を確保する。
・議題とスケジュールを作る。

・子どもの興味や希望を最優先にする。
・中立の場所でミーティングをする。
・休みを取り、食事を済ませてミーティングに臨む（お酒は禁止）。
・交代で議題の司会をする。
・メモを取る（一人が書記となり、ミーティング後にメモを共有する）。
・予算を組む。
・支払いの方法を決める。
・段取りをうまく手配する。
・子どもに伝える方法を決める。
・相手の努力に言葉で感謝する。
・最初は少し堅苦しいと思うかもしれませんが、これはあくまでビジネスだと考えて、「親マインド」で話し合いに臨めば、両親の対立が減り、うまく意思決定ができるようになります。

「報・連・相」を忘れない

共同養育パートナーは、意思決定をする際に、お互いに他方の親に相談することを忘れてしまいがちです。しかし、きちんと報告・連絡・相談をしておかないと、もう一人の共同経営者が怒り出すかもしれません。また、二人で一緒に決める方が子どもにとって良い決定ができます。

共同で決めると合意したことは、計画を立てて協力し合う方が子どものためになります。また、共同決定が法的に義務付けられている場合もあります。

●●●

ウィリアムの授業スケジュールについて情報交換している時に、マーサはビルに、ウィリアムの読解力集中講座に申し込んだことを伝えました。ビルは驚きました。「申し込む前に相談してくれると思っていたよ！　僕の養育時間にウィリアムを連れていけるかどうか、なぜ分かるのかな？　費用はいくら？」。マーサは「ウィリアムは去年も参加したのよ！」と反論しました。

ビルは深呼吸して心を落ち着けた上で、「別居後は同居中とは違う」ということを説明しました。ビルは、ウィリアムの教育や医療に関する決定に関わりたいと考えていたのです。また、お互いの経済状況に合わせて計画する必要もありました。

マーサはビルの言い分を認めて謝りました。彼女は申し込みに先走ってしまい、ビルへの相談を忘れていたのです。

●●●

1年に3回開催される共同養育ビジネスミーティングで、両親は子どものスケジュールを把握し、学校のイベント、習い事、健康や行動面での問題、養育スケジュールや長期休暇などを話し合い、意思決定をします（第5章参照）。ただ、全てのことを話し合うのは無理ですから、ミーティングがない時のために別の仕組みも必要になります。実例を見てみましょう。

●●●

1月の共同養育ビジネスミーティングで、アリスは、ショシャナを小児科に連れていくことを引き受けました。学校の先生から「ショシャナは注意散漫かもしれない」と指摘されたからです。

診察後、アリスはエマにメールを送り、小児科医から薬が効くかもしれないと言われたと伝えました。エマはまず他の方法を試すべきだと反論しました。アリスはイライラして、治療の邪魔をされていると感じました（訳注：元同性婚の設定）。

●●●

この対立を解決するには、次のような方法が有効かもしれません。

1. アリスとエマは、ショシャナの養育の目標と、そのためにすべきことを確認する。
2. アリスはエマに「小児科医と面会して、治療の希望を書面で伝えてほしい」と頼む。
3. 面会の後、まず、薬を使わない方法を2カ月間試して、先生から学校での様子を聞く。改善がなければ、小児科医に勧められた薬を試す。これにエマは同意する。

では、エマから返信がない場合はどうすればいいでしょうか？　共同養育計画書には、「72時間以内に返信がない場合（旅行中などを除く）、相談せずに決めることができる」とありました。ですから72時間が過ぎれば、薬をショシャナに与えて、事後報告をすればよいのです。

話し合っても合意できない場合は、共同養育計画書が定める次のステップに進みます。多くの場合は、専門家（共同養育コーチや調停人など）に解決を助けてもらうことになりますが、それでもうまくいかなければ弁護士が必要になり、最終的には裁判所が決めます。

「ママとパパは」を口癖にする

両親は、子どもの前で「ママとパパは」（あるいは「パパとママは」）という言葉を口癖にするのが理想です。この言葉によって、子どもは、父母がよく連絡を取り合い、子どもの育て方についても考えが同じであることが分かるからです。

●●●

ヨランダ（14歳）：「ママ、学園祭に行っていい？　ダンスパーティーなんだけど」

ママ：「そう言い出すんじゃないかとパパとミーティングで話してたのよ。彼氏と行くのはまだ早いけど、グループならいいという話になったんだけど。それでどう？」

ヨランダ：「いいわ！　チケットのお金は出してくれる？」

ママ：「パパとママは、あなたも負担するべきだと思っているの。アルバイトで稼いだお金から50ドル出してくれる？　残りは私たちが持つから」
ヨランダ：「分かった……じゃあ私のお小遣いは？」
ママ：「うーん、それはまだ決めてなかったわ。相談してまた知らせるね」

●●●

ヨランダの両親は子どもが何をしたがるかを予想していたので、母親は質問に答えられました。またヨランダは、母親の返答から両親が連絡を取り合っていると感じました。では、両親がまだ話し合っていないことを聞かれた時は、どうするべきでしょうか？

●●●

ジェフリー（6歳）：「パパ、エリのママがこの週末、エリの家でお泊まり会をしてもいいって言ってたんだけど、行ってもいい？」
父親：「そうだな、ジェフリー、まずママに相談するよ」
ジェフリー：「嫌だ、パパ！　ママに大丈夫だって言っておいてよ！」
父親：「パパはまだ行っていいと言っていないし、こういうことはまずママとパパで話し合って、一緒に決めるんだよ。ママと話ができたら、すぐに知らせるよ」

●●●

この例で、父親は共同養育関係を大切にしていることが分かります。彼の養育時間中のことですから、一人で決めるという考え方もあるでしょう。しかし、「お泊まり」は、子どもの成長によって生じた全く新しい意思決定なので、彼は母親にも相談することにしたのです。彼はジェフリーに、「両親が一緒に決める」と伝えて安心させました。「パパは構わないと思うけど、ママに聞かないといけないね」などと言って、母親を悪者にしたりはしませんでした。

両親が意思決定をする前に、片方の親が子どもに勝手に許可したり、自分の考えを話したりしないようにすることが大切です。共同で意思決定した後に「パパとママは」または「ママとパパは」という言葉を使って伝える方が、子どもには良いのです。

片付け、ベッド、テレビの習慣を決める

親は自分が養育当番の間、子どもに関する細かな意思決定をします。家事をこなし、子どもにごはんを食べさせ、ルールを守らせるのです。それまでは配偶者と対立していても、今は、あなたは自分のやり方で子育てができます。典型的な例を見てみましょう。

●●●

母親は「子どもが成長したら、自分でベッドを整え、服やおもちゃを整理して、部屋を掃除できるようになるべきだ」と考えています。

父親は「子ども部屋は子どもに任せておこう」と考えています。「子どものスペースな

のだから、ネズミの家族が引っ越してこなければいい」という考えです。

● ● ●

どちらの親も、自分の考えの根拠をいくらでも言えるでしょう。どちらが正しいのか、議論しようと思えばできます。しかし、それでは解決になりませんし、子どものためにもなりません。結局、片付けるように言われて育った子どもは、その能力を身に付け、任された子どもは、別の能力を身に付けるのです。子どもの性格との相性もあります。

共同養育では、子どものために、できれば両方の家で、子どもがすべきことを一致させるのが目標です。「自分のやり方」にとらわれず、子どもにどう教えるか一緒に決めて、バランスのとれた能力を養うのです。

では、方針がどうしても一致しない場合はどうすればよいでしょうか？ 子どもは成長すると、二つの家の違いをある程度は自分で調整するようになりますが、限度もあります。共同養育パートナーにただ従うのも、自分のやり方を押し通すのも良くありません。大事なのは、共同養育パートナーと一緒に、子どもに良い環境を考えることです。子どもが二つの家のルールの違いに戸惑って、無駄なエネルギーを使うことがないようにしましょう。

もう一つの例を見てみましょう。

● ● ●

ゲイブの娘のルーシー（4歳）は、隔週で水曜から日曜までゲイブの家に来ます（他の休日にも会います）。ゲイブはルーシーに新しいベッドを買いましたが、ルーシーは「パパと一緒に大きいベッドで寝たい」と言いました。「ルーシーの寝返りで睡眠不足になるけど、週末ならいいか」とゲイブは考えました。ママのジェシーが「ルーシーには自分のベッドで寝てほしい」と言っているのは知っていたのですが……。

ルーシーがママの家に来た途端、問題が起きました。ルーシーはママとも一緒に寝たいと言いましたが、ジェシーは平日に睡眠不足になって仕事ができないのは困るのです。

専門家のアドバイスから、ゲイブは、もう妻ではないジェシーの健康も、自分にとって大事だということ、そしてルーシーが自分のベッドで寝られるようになった方が、両方の家に慣れやすいことを理解しました。ゲイブはルーシーが自分のベッドで寝るよう協力するようになり、皆がハッピーになりました。

● ● ●

家で何かを決める時は、もう一つの家や、子どもの人生も考慮するようにしましょう。両方の家で通用するルーティンやスケジュールを意識すると、うまくいきます。

二つの家族になった後も以前の習慣を続ければ、変化に慣れやすくなります。例えば幼稚園では、10時におやつ、11時に遊びなどのスケジュールが決まっています。子どもはこのようなルーティンのおかげで落ち着き、集中し、ルールを守れるようになるのです。12歳前後になると、子どもは教科ごとに違う先生の授業を受けるようになります。スタッフォード先生の英語クラスとブラウン先生の数学クラスでは違うことがたくさんありますが、その違いに対応できるのは、子どもが成長したからです。これは二つの家がある子どもにも当てはまります。

基本的な価値観やスケジュールを共有するのは、子どもに良いことです。ですから、親はいつも自分の思い通りにはせずに、時には共同養育パートナーに譲るほうがいいこともあります。

●●●

ルイスとプレティは、まだ一緒に暮らしていた頃、テレビについていつもけんかになっていました。ルイスは、土曜日は雑用をしながら、スポーツやニュースなどをつけっぱなしにしておくのが好きでした。しかしプレティにとってそれは騒音で、そのせいで子どもがソファから動かなくなるのが嫌でした。

別居後、プレティは、ルイスは相変わらず家ではテレビをつけっぱなしにしているのだろうと思いました。そこで、外遊びや読書もすることを条件に、自分の家でもテレビを許可しました。そうするとけんかが減り、映画を見たりゲームをしたりしてリラックスもできるようになり、全員が落ち着いて過ごせるようになりました。

●●●

対立によって体にどれだけ負担がかかり、集中力、創造性、休息、愛情表現が失われるかということを、私たちは忘れがちです。

家庭での絶え間ないけんかや緊迫した空気ほど、子どもに悪いものはありません。両親の長引く争いや怒りは、子どもの他人への信頼感やコミュニケーション能力を損ない、最悪の場合は、PTSD（心的外傷後ストレス障害）のような長期的な症状を引き起こすかもしれません。

不要な対立をしないことは、共同養育での最重要原則です。子どもを愛しているからこそ間違えてしまうこともあるでしょうが、愛のない間違いだけはしないようにしましょう。

「仮決め」で手間を減らす

一方の親が子どものことを勝手に決めてトラブルにならないように、情報を共有しましょう。特に学校や病院に関することはできるだけ相談しないと、関係が一気に悪くなります。

●●●

ジェイダとマリクは、13歳の娘デスティニーが両親の別居に怒り、リストカットをほのめかしたことを心配していました。二人とも、カウンセリングを受けさせることが最優先だと考えました。ジェイダはセラピストに医師への紹介状を書いてもらうことを提案し、マリクは賛成しました。しかし数日後、ジェイダは別の小児科医から紹介状をもらい、地域のクリニックの予約をしてしまいました。

マリクは、自分は蚊帳の外に置かれたと感じました。共同養育コーチとの話し合いで、ジェイダは「いつも通りのことをしただけ」と釈明しましたが、相談しなかったことは認め、マリクの気持ちや努力を無視していたことに気付きました。

マリクは、今後は同じことはしないでほしいとジェイダに頼みました。そして、デスティニーの治療の方向性について説明を受けました。両親はその後も経験を重ね、今では事前に情報を共有することの大切さが分かるようになりました。

● ● ●

両親の間に信頼関係がある場合は、手間を減らすために、本来は共同で決めることでも他方の親に任せることがあります。例えば診察の予約時間などが良い例です。任せられた親は、相手の都合も考えて仮決めをすれば、トラブルを防ぐことができます。例を見てみましょう。

● ● ●

件名：カウンセラーとのミーティングについて

エリザベッタへ

今日、ブレイデンは予定通りマーサ先生のカウンセリングを受けました。次回は先生と両親のミーティングで、金曜日8時を仮押さえしました。大丈夫なら、その旨お知らせください。都合が悪い場合には、お手数ですがマーサ先生のオフィスに連絡して、都合が合う時間帯を聞いて連絡してください。よろしくお願いします。

ブライアンより

養育に関する決定を相手に任せられるのは、信頼関係があるからです。信頼は共同養育の成果で、その後も責任を持って情報共有を続ければ、信頼関係はより強くなります。

自分の家で起きた変化は、あなたの共同養育パートナーにも伝えましょう。子どもが自分で言う場合もあります。例えば「パパ、ママの家で子犬を飼うことになったよ」などです。しかし、新しい交際相手についてはどうでしょうか？ 子どもが「ママに新しい彼氏ができたよ」と言った時、「ママから聞いたよ。週末に会うそうだね」と言える方が、全員にとって良いことが多いのではないでしょうか？ 詳しくは、第10章を参照してください。

また、共同養育パートナーにも子どもの親として知っておいてもらいたい、あなたの親族に関する情報もあるでしょう。誰かが重い病気にかかったり、亡くなったりすることもあります。このような大きな出来事は、共同養育パートナーに事前に知らせておけば、一緒に子どもをサポートしてもらえます。

● ● ●

緊急時にすべきこと

緊急時にはまず緊急通報番号（訳注：日本では１１０または１１９）に電話します。

また、例えば学校から「あなたの子どもがバスケットボール中にぶつかって一時意識を失いました。念のため救急病院に搬送しています」といった連絡があったら、あなたは病院で医療処置の判断を求められるかもしれません。自分だけで決められること、共同養育パートナーが来るまで待って決めるべきことを事前に弁護士と相談しておけば、スムーズに重要な判断ができます。

あなたが近い将来迫られる「決断」

子どもが思春期になるまで、あなたとあなたの共同養育パートナーはたくさんの決断に直面し、協力して解決することになります。共同で意思決定する習慣をつけておけば、子どもは「パパとママは」という視点を自然に意識するようになります。

以下のリストは、共同で決定をするチャンスだと捉えてください。何を二人で一緒に決めるかをあらかじめ決めておけばスムーズです。そして、それが子どもの利益になります！ リストの全てを話し合う必要はありません。あくまで二人で考えるためのたたき台です。ただ、いずれ必ず生じる問題が含まれていることを覚えておいてください。

・**ベビーシッター**：子どもの預け先やベビーシッターについて、合意してリストを作りますか？
・**水泳レッスン**：子どもに、水中での安全のため基本的な能力を身に付けさせますか？
・**時間、労力、費用のかかる課外活動**：楽器のレッスン、ダンスや体操教室、スポーツチーム、趣味など、課外活動について検討します。けがのリスクなどについても話し合ってください。

- **スマホの所持**：子どもにスマートフォンを持たせる条件はどうしますか？ 基本的な使用ルールを決めますか？（夜10時までしか使わない、など）。費用はシェアしますか？
- **インターネットのアカウント**：子どものSNSアカウントを監視しますか？ 子どもをネットの危険からどう守りますか？
- **パスポート**：パスポートの取得には通常、両親の署名が必要です（訳注：米国の場合）。
- **海外旅行（親が同伴しない場合も含む）**：海外旅行を許可しますか？ あなたの共同養育パートナーが子どもと海外へ行く場合、渡航同意書を渡しますか？（訳注：片方の親による子どもの連れ去りを防ぐために、このような同意書が必要な国があります）。
- **交際**：異性交際についての方針はどうしますか？
- **性教育**：学校などで行われる思春期の性教育クラスについて話をしたいですか？ 子どもと一緒に参加したいですか？ 夫婦で子どもと性や思春期について話し合いをしますか？
- **ピアス、ファッション**：ピアスは許可しますか？ 両親の合意を条件にしますか？ 奇抜な髪形やヘアカラー、ダボダボのジーンズなどの服装についてはどうしますか？
- **大学進学計画と資金**：子どもは受験する大学を見に行きますか？ 出願書類の整理や、エッセイ添削を手伝うのは誰ですか？ 学費はどうやって支払いますか？ 塾を利用しますか？
- **軍隊**：18歳未満での軍隊への入隊を許可しますか？（訳注：自衛隊入隊は18歳以上）

・**結婚**：18歳未満での結婚を認めますか？（訳注：日本では18歳未満の結婚はできません）
・**その他**：今後決めるべきことを想像してみてください。1年に3回の共同養育ミーティングにそのリストを持参してください。そしてその時に決めるか、検討を継続してください。

子どもの留守番は何歳からOK？

保育園や託児所は、子どもが新しい社会に飛び込んで良い人間関係を築き、自立する機会となります。しかし、親がその施設に不安を感じると、対立の原因にもなり得ます。**日々のルーティンを大きく変える時には注意してください。**預けられた経験が少ない子どもは特に注意しましょう。共同養育パートナーの協力で解決できることがよくあります。

●●●

カレンは、2歳のネイサンを自分で育てることにこだわっていましたが、職場復帰の必要がありました。父親のトムは、柔軟に解決しようとしました。

二人は、まずはネイサンを幼稚園に週3日だけ通わせることにし、残りの2日間は、1日ずつネイサンの世話をすることにしました。数カ月後、ネイサンが幼稚園に慣れてきたため、二人ともネイサンの通園日を増やすことにしました。

●●●

家族や友達に子どもの世話を頼みましょう。子どもは祖父母や家族の友人、慣れ親しんだベビーシッターと過ごすことを好みます。子どもの健全な人間関係が育まれ、子どもがその大人たちにも支えられるようになります。

二つの家で同じベビーシッターに頼むことも考えましょう。両方の家で同じベビーシッターに頼むか、または両親がベビーシッターのリストを共有すると、親は子どもを世話する人を確認しやすくなり、子どもも、慣れ親しんだ人に世話をしてもらえるようになります。

世話をする人の決め方について合意しましょう。子どもの世話をする人は、子どもの世界を広げて豊かにしてくれます。世話をする人はなるべく変えない方が、子どもは多くのことを学べます。世話をする人にどんな条件（年齢、性別、ベビーシッター講習の修了、CPR〈心肺蘇生法〉の資格、推薦状など）の、どんな性格の人を選ぶべきか、合意しておきましょう。なお原則として、その時間の養育当番の親が、預け先について責任を持つことになります。

子どもの留守番は、子どもの年齢を考慮してください。地域によって、家に一人で残す子どもの年齢に制限があります（訳注：米国では12歳以下の子どもの留守番が禁止または非推奨とされる州があります）。何より大事なのは安全です。「家に入れない」「知らない人が来た」「けがをした」「火災が起きた」といったさまざまな状況への対処法を、時間をかけて子どもに教えてください。家電製品の使い方も教えてください。両方の親にいつでも連絡できるようにし、緊急連絡先（近所の人や近くに住む家族）も教えておいてください。

年長の子どもは自立させ、ある程度自由にさせつつ、目を離さないようにしましょう。両親の別居時に、子どもは衝動的な行動を取ったり、友達からの悪影響を受けたりすることがあります。子どもが今何をしているか、常に確認できるようにしておきましょう。

子どもに幼い兄弟姉妹の世話をさせる場合は、注意が必要です。子ども同士の対立の仲裁をするには、十分成熟していることが必要です。子どもに荷が重いことをさせてはいけません。子どもに年齢に応じて責任を持たせることは必要ですが、責任を負わせ過ぎて、子どもが子どもらしく振る舞えなくなるのは良くありません。子どもを重すぎる負担から守り、全員が協力して良いバランスを見つけましょう。人は、子どもの時に子どもらしく過ごせないと、その後の成長のために必要な大事な経験ができなくなります。次の二つの例を比べてみてください。

●●●

サラ（15歳）は一人で家に帰るとおやつを作り、テレビを見ます。宿題を終えないとPCを使えない決まりなので、母親が帰る5時までは宿題をします。サラは家に一人でいるのが好きです。「何をすればいいかは自分で分かる」と感じます。

午後2時半、ジャレッド（16歳）が家に帰ってきました。妹たち（7歳と10歳）もすぐに帰ってきました。ジャレッドは妹たちにおやつを作り、自分もつまみます。そのうち、PCをめぐって妹たちのけんかが始まり、宿題ができません。父親が帰ってくるのは6時。

「両親が別居しなければ、自分が面倒を見なくていいのに……」と思います。ジャレッドは、以前は、放課後は外でスポーツをしたり、友達の家に遊びに行ったりしていましたが、今は楽しむことを忘れてしまいました。

● ● ●

二つの家で育つ子どもは、必要に迫られて自立心や協調性を身に付けます。これは必ずしも悪いことではありません。しかし荷が重くなり過ぎないよう、大人が注意する必要があります。子どもにはできるだけ、自分の人生を送らせてあげたいものです。

年長の子どもは、たとえ大人びて見えても、まだ親の見守りが必要です。年齢にふさわしい活動をし、健全な友達関係を築き、大人の助言を受けながら勉強に励む必要があります。

子どもが10代になると、両親は「教える親」から「信頼する親」になります。親の仕事は、雛たちに、成鳥として飛び立つ準備をさせることです。

第6章のまとめ

・共同養育をするには、上手に別れることが必要です。お互いに愛情はなくても、子どもへの愛情はあります。この共通点を利用して、子どものために良い意思決定をしましょう。

・共同で意思決定する方法を知りましょう。「親マインド」（第1章参照）と、ビジネスで使われる手法を取り入れて、お互いの立場を尊重しつつ、子どものために決定しましょう。

・子どもの生活のどんなことについて情報共有し、共同で決めるのかを、決めておきましょう。

・最初は別居前の習慣をなるべく変えずに、二つの家での生活に慣れてもらいましょう。時間とともに子どもは安心し、自信を持って二つの家で過ごせるようになります。

・二つの家がある家族の場合、子どもが兄弟姉妹の世話をすることがあります。子どもの自立心が向上する面もありますが、親が子どもに頼り過ぎると、子どもの発達が妨げられます。

・子どもは成長しても、大人の助言や監督が必要です。子どもが何でも自分だけで決めたがっても、大人になるまでは親が関わり続けましょう。

第7章 財務

お金に困らない「仕組み」づくり

「今こそ、財産管理の方法を真剣に学ぶべき時です」

——T・ハーヴ・エッカー

共同養育をする両親は「財務責任者」でもあり、子育てに必要なお金を支払うのは両親の仕事です。お金はもめ事が生じやすいので、注意しましょう。裁判所の書類には、何をすべきかは書かれていますが、どうやってそれを実現するかは書かれていません。

・お互いにいくらお金を支払う必要があるのか？

- 養育費を受け取る親がいる場合、他方の親が子どもの服を買う時はどうすればよいのか？
- 誕生日パーティーのプレゼント代は誰が払うのか？
- お小遣いはどうするのか？

子育てにおける金の管理には注意が必要です。将来への不安や予算の不足、曖昧な決め事によって、トラブルが発生します。

お金の問題は「恥」

一定の年齢になるまでは、子どもをお金の問題に関わらせるべきではありません。お金の問題が子どもに伝わると、子どもは親に頼る自分に無力感を感じ、自分が重荷なのではと考えます。親に頼れないと感じると、子どもは恥ずかしさを感じ、傷ついて消えてしまいたい気持ちになります。

親のお金の問題は子どもにとって「恥」なのです。

あなたはあなたのお金のストレスを管理し、子どもを守る必要があります。「何を買えて、何は買えないのか」をはっきり伝えれば、子どもは安心します。

養育費をうまく管理し、お金のストレスを子どもに感じさせないようにしましょう。お金の問題で争うのは、子どもを奪い合うのと同じです。子どもが何か欲しがった時に、もう一人の親がお金を出さないから買えないと言ったり、愛情を示す手段としてお金を使ったりするのは間違いです。

子どもに賢いお金の使い方を教えましょう。両親が合意した物を買う時には、どちらが実際に負担するかにかかわらず、「パパとママが」支払うという態度で払いましょう。

●●●

ウェリンとチャドは、キムがダンス好きだと知っていました。二人が別居を決めた時、ウェリンは、ダンスクラスの費用を払えるかどうか不安でした。

しかし、チャドが最初の1年間の費用を出すと言ってくれたので、ウェリンの不安は解消されました。チャドはキムに「ママとパパが、ダンスを続けてほしいから、続けられるようにしたんだよ」と話しました。チャドには、自分が出したと言いたい気持ちもありましたが、それはただの自己顕示欲だと思ったのです。

●●●

別居以外にも、親の失業や病気なども経済状況に影響します。そのような時も、子どもが前向きになれるように親が支えれば、子どもは逆境や変化に対応できる大人になるでしょう。

養育費で買える物・買えない物

養育費の支払いや受け取りがある場合は、住んでいる州の養育費の使い道に関するルールを確認してください。あなたやあなたの共同養育パートナーが当然だと考えるルールや、別の州のルールとは違うかもしれません。養育費は何に使えるのか、そしてその他の費用を二人でどう負担するのかをはっきりさせましょう（訳注：現在、日本には養育費の使い道に関するルールはありません）。

養育費の制度は州によって異なります。養育費は、親が子どもを育てる時に必要な基本的な支出のためのお金のやりとりで、各親の収入を考慮して公平な額になるよう決められます。家賃や住宅ローン、光熱費に加えて、食費、衣服代などの直接的な支払いにも使えます。

養育費から払えないものもあります。保険適用外の医療費、教育費、課外活動費、その他特別な出費には、特別な合意がなければ養育費を使えません。州の規定や合意書を確認してください。

両親は、養育費以外にも子どもにお金を使うのが普通です。養育費は、「親の収入」「それぞれの親の養育時間」「子どもの年齢」に応じた計算式で決まります。これは、子どもの養育費を公平に負担するためです。このおかげで、子どもは両方の親から支えられることになりますが、親は、自分の養育時間中は養育費以外にも費用を負担することになります。

シェアする費用のリストを作って、トラブルを防ぎましょう。リストは、法的な書類の中にあるかもしれません。各項目が具体的に何を意味するか、二人で確認しましょう。教育費をシェアするなら「特別課題の筆記用具代も含むのか、学期初めに買う学用品リストの費用だけか？」「校外学習費は？給食費は？子どもが関数電卓をなくしたら？」など、具体的に話し合ってください。

養育費のやりとりをしない両親もいます（訳注：米国では共同親権を持ち、養育時間などが同等の両親に対し、裁判所が養育費支払いを不要とする判断をすることがあります）。その場合でも、特別な出費を収入などに応じて分担するのなら、シェアする費用のリストを作る必要があります。

チェックリスト

☑ 養育費を何に使えるのかを理解した。
☑ それぞれの家で負担する費用（シェアしない費用）について相手に提案するリストを作った。
☑ 両親でシェアする費用（突発的な出費を含む）のリストを作り始めている。

シェアする費用とシェアしない費用

準備ができたら、共同養育パートナーと、ビジネスミーティングを設定します。二人で費用をシェアする方法について計画しましょう。

各親が負担する費用：自分の家で使う物は、シェアしない方がいいでしょう。具体的な項目を書き出してください。「シャンプー」や「ビタミン剤」「痛み止めの薬」といったように。

養育費から支払う費用：事前に具体的な項目を確認しておきましょう。そうすれば、養育費を支払っている親が、本来養育費で買うべき物を買った場合に、後日、養育費を受け取っている親からスムーズにお金を払い戻してもらえます。ただ、厄介なのが子どもの衣料品の購入です。これについては、この章の後半で説明します。

シェアする費用：二人でシェアする費用の支出については、お互いの合意が必要です。例えば、「保険適用外の医療費」について考えてみてください。次の家族の体験はその一例です。

●●●

ブレイクとダニエルは、娘のマイラのアレルギーの治療が必要だと感じていました。ダニエルは「アレルギー専門医に連れていったら？」と言いましたが、ブレイクは保険適用外の自然療法医に連れていきました。ブレイクがその費用の負担を求めると、ダニエルは怒り出しました。保険が効く医者なら、自己負担額（15ドル）の半分の負担で済んだはずだからです。

もしブレイクが、自然療法医に相談すること、保険適用外であること、費用をシェアすることについて事前にダニエルと合意していれば、もめ事は防げたはずです。

●●●

チェックリスト

☑ それぞれの親が自分の家で負担する費用と、養育費から払う費用について合意した。

☑ シェアする出費のリストを作り、保険適用外の医療費、教育費、課外活動費などの項目の意味を確認し、問題となりそうな点を確認し、お互いの理解を一致させた。

手間をかけずに記録する方法

特に最初のうちは、共同養育パートナーから信頼されるように、支出の詳しい情報を提供しましょう。全てのレシートのコピーをお互いの計算書に添付するようお勧めします。そこまでしなくて大丈夫ならそれでも構いませんが、お金に関しては細か過ぎるぐらいの方がいいでしょう。

「子どもの支出専用クレジットカード」を、シェアする費用の支払いのために用意するのもいいでしょう。共同養育パートナーにデータを渡すのが楽になります。お店で会計を2回することになりますが（最初は個人的な買い物、次に子どもの買い物）、慣れれば大した手間ではありません。

共同銀行口座を、子どもの支出のために作ることを検討しましょう。どちらの親もアクセスして取引を確認できます（訳注：日本では共同銀行口座は一般的ではありません）。

レシートなどを入れるファイルや封筒を用意しましょう。そして手書きでも、エクセル入力でも構わないので、シェアする費用を記録しましょう。

共同養育パートナーは、支出に関する正確で詳しい情報を互いに共有します。

チェックリスト

☑ 子どものためにお金を支払う時の方法（クレジットカード、現金など）を決めた。
☑ レシートや領収書を保管するためのファイル、封筒などを用意した。
☑ 各期間に支払った額の合計を計算するため、費用を記録する方法を決めた。

精算して貸し借りをなくす

費用の記録方法を決めた後に、いつ、どのようにお互いが支払った費用を確認するのかを話し合いましょう（法的文書で決められている場合は不要）。精算する必要があるからです。

書類を確認する：お互いが支払った費用を確認する方法を、二人で話し合ってください。合意できない場合は、法的な書類で決められた方法に従います。

支出を確認する頻度を決める：短期間で精算したい場合には、毎月精算します。年一回の精算でも構わないという人もいます。最初のうちは毎月精算して、レシートの収集や精算に慣れるのもいいでしょう。慣れてきたら精算の間隔を長くすればよいのです（四半期ごとなど）。

お金の精算：最後のステップはお金の受け渡しです。例えば、次のような方法で行います。

・現金で精算する場合、月末締めでお互いに計算書とレシートを用意して、次の月の5日までに相手に渡します。内容を確認し、必要があれば質問や回答をします。20日までに、お互いの負担比率に応じて精算をします。

・両親が共同クレジットカードを使っていれば、自分の負担比率分をカード会社に払えば精算が終わります（訳注：日本ではこのようなカードは一般的ではありません）。

・両親が共同銀行口座を使っている場合は、毎月、自分の負担する比率の金額を振り込んで、口座の残高を維持しましょう（訳注：日本では共同銀行口座は一般的ではありません）。

1年に3回の共同養育ビジネスミーティングで精算するのもよいでしょう。ビジネスミーティングでは、次の期間に誰が何の費用を負担するかといった予算計画を話し合います。

チェックリスト

☑ 法的文書（共同養育計画書など）を確認し、精算方法が決まっているかどうかを確認する。

☑ 決まっていない場合は、自分たちで子どものために使ったお金を精算する方法を決める。

お金の争いをなくして前向きになる

どちらかの親が勝手にお金を払い、その一部を相手に請求したら、トラブルになるかもしれません。これは「共同の決定は二人でする」という原則に反しています。支払う前に相手に相談し、話し合って合意しておくべきです。合意がなければ、その支払いは自己責任です。

合意せず払ったお金を相手にも負担してもらいたい場合、その内容を説明するか、領収書を提示しましょう。ビジネス上のやりとりだと思って、丁寧に行ってください。喜んで払ってくれる可能性もありますが、拒否されるかもしれません。

二人で決めた精算スケジュールを守りましょう。共同養育の財務責任者として、相手と良好な信頼関係を保ちましょう。何らかの理由で約束を守れない場合は、相手に正直に伝え、いつ約束を果たせるかを伝えましょう。両親が貸し借りをなくすためにお金を定期的に精算することは、子どもが健全に育つために非常に重要です。あなたはお金の管理にストレスを感じていませんか？ 相手を信用できませんか？ だまされているように感じますか？ 養育はスムーズですか？ 請求書は期限内に支払われ、必要なものは手に入っていますか？

共同養育では、それぞれの親が懐事情に応じて買う物・買わない物を決められるようにするべきです。結婚中にお金のことでもめていた両親は、別居後ももめるかもしれません。お金の争いをなくすことは、前向きに生きていくために必要です。

大学に行かせる余裕がなかったら

子どもの課外活動費をシェアする場合、子どもが成長して関心が広がると問題が複雑になりがちです。事前に話し合っておくと、子どもは安心して活動に取り組めます。

「何を重視し、いくら使うのか」を話し合いましょう。音楽レッスン、ダンス教室、乗馬レッスン、チームスポーツ、水泳（命を守る訓練）などにお金を使いますか？　季節ごとにスポーツや活動を1つずつ選ばせますか？　学校のスポーツチームか選抜チームに挑戦させますか？　課外活動の交通費、用具代、レッスン料などはどう支払いますか？　共同養育計画書で決めておけば、ストレスを感じずに済むでしょう。

両親は、子どもの人生に起こるその他の特別な出費をシェアすることもあります。歯の矯正や成人式などの費用をどのようにシェアするかを考えておけば、いざという時に役立ちます。また、子どもが大人になった後の結婚式のような特別なイベントでも、両親が協力しやすくなります。

エズラとレイチェルは、ハンナが10歳になる前に別居しました。ハンナは13歳になった時、外国語学校に通い始めました。レイチェルはエズラに、「費用について前もって相談しましょう」と提案しました。エズラは、自分も金銭面で貢献したいと考え、支出に対する不安をなくすためにも、この提案に同意しました。

●●●

子どもに大きなお金を出す余裕がない場合には、どこまでならお金を払えるのかを子どもに明確に伝えることが大事です。子どもはそれを前提に自分の人生を計画できます。

大学進学費用のシェアの方法は、養育費について取り決めた文書に書かれているかもしれません。書かれていない場合は、時期が近づいてから両親で相談するか、あるいは子どもに自分でお金を確保する方法を教えましょう。

研究によれば、小学校入学時から高校卒業後の進路を教えておくと、学業にプラスの効果があります。中学校に入ったら、成績と卒業後の選択肢の関係を教えましょう。奨学金や財政援助が必要なら早めに説明します。子どもは、高校3年生になってから親からお金がないと言われると困ってしまいます。奨学金のためにもっと前から勉強や活動を頑張れるようにしてあげましょう。親にお金の余裕がない場合は、子どもが自分で道を切り開けるように支えることが大切です。

● ● ●

マリーとバドはアレアが2歳の時に別居しました。バドは依存症に苦しみながらも、アレアとの関係を続けようと努力しました。バドはアレアを大学に行かせることは考えておらず、そのお金もないと思っていました。一方、マリーは自分が大学に行けなかったので、娘には大学に行ってほしいと考えていました。

中学1年生のアレアは、マリーに地元の大学のロゴ入りパーカを買ってもらって大喜びしました。マリーはこうしてアレアに大学に行くことを意識させ、勉強や地域貢献などで頑張れば、奨学金やローンで夢が実現できることを教えました。大学の費用は払えませんが、アレアが夢をかなえられるようにしたのです。

● ● ●

両親の協力は長い間続きます。その間、最低限のやりとりしかしない両親もあれば、密に連携する両親もいます。状況に合わせて、次のような方法での協力を検討してください。

・できるだけ子どものために計画し、準備を整える。
・共同養育計画書などの法的な文書で、自分が払うべきお金を確認する。
・自分の収入などから、お金を出せるもの、出せないものを把握する。
・子どもの前で大人のお金の話はしない。ストレスから子どもを守る。
・二人でシェアする費用について明確な合意をする。
・お互いの支出を確認し、精算する手順を守る。

●●●

ジョージはブリアナを誘って卒業パーティーに参加することにしました。両親がお互いにお金のことを話し合わないことは知っていたので、パーティー参加の費用について、両親に別々に相談することにしました。

父親は、一定のお金を出してくれました。母親は、ジョージがアルバイトで稼いだお金に同額を上乗せしてくれました。このようにジョージの両親は、出せる金額を明確に伝えました。彼らは共同養育パートナーとして連携できませんでしたが、できる範囲で共同養育をしました。

●●●

「お金教育」とファミリーヒストリー

私たちは育った家庭でお金に関する教訓を学んで親になります。筆者は6歳になるころには、父のシフト勤務や残業を知っていましたし、両親の収入が仕事の状況で増減するのも見ていました。レイオフや副業も知っていましたし、両親の収入が仕事の状況で増減するのも見ていました。

教会での献金についても知りました。これらは中西部の工場町で学んだ貴重な教訓です。

母は近所では最初に外で働き始めた人でした。筆者の大学出願時には、両親は必要なお金を貯めており、筆者の子どもが大学に行く時にも母が援助してくれました。

あなたには、あなたのファミリーヒストリーがあるはずです。共同養育パートナーと共に、子どもにお金に関する価値観とメッセージを伝えてください。これらの教訓を通じて、子どもは経済的な責任感を身に付けていくのです。

別居後の数年で、両親は新しい家計のやりくりに慣れていきます。気持ちを整理し、新しいスキルを身に付け、一人で子育てすることの大変さを知ります。その状況に耐えて落ち着きを取り戻すと、新たな目標に向かって進めるようになります。お金の面でもバランスを取り戻し、子どもも新しい日常に安心感を持てるようになります。

何を買ってあげられるのか、自信を持って率直に子どもと話し合い、子どもに期待させ過ぎないようにしてください。罪悪感や苦しい気持ちにとらわれずに、自信を持って前に進んでください。常に一貫したメッセージと、前に進む方向を示せばよいのです。そうすれば、賢く物を選び、良い買い物をしてお金を最大限に活用する方法を、子どもに教えられます。

「お手伝い」と「子どもの仕事」の違い

両親は、子どもにお小遣いをあげるかどうかを決められます。お小遣いは、お金の扱い方を経験させるために渡すお金です。貯金するか、使うか、チャリティーに寄付するかを考えるのが、貴重な経験になります。お小遣いは、お手伝いへの見返りではありません。子どもは、年齢に応じて家事を手伝う責任があるので、それで報酬は発生しません。

ただし親は、お金を稼げる仕事として、追加の家事や仕事を子どもに提案することはあります。それによって子どもの主体性を育て、働いてお金を稼ぐ意欲を持たせることができるのです。学校や課外活動、そして仲間との健全な関係は子どもにとって重要ですが、お金を稼いで管理する方法を知ることも同じように大事なのです。

お金が足りないからこそ学べること

子どもは成長するにつれて、お金を自分で管理するようになります。高い洋服や、友達との旅行、最新のゲームアプリなど、欲しい物を手に入れるには働かなくてはいけないということを、子どもは分かっています。そして常に「必要は発明の母」です。子どもが自分で考え、自信を持って道を切り開けるように育てましょう。自分のお金だからこそ、自分で何かを達成する機会になるのです。

●●●

フィルとスーザンの別居後は、子どもと一緒に犬も二つの家を移動するようにしていました。他の子どもは犬と遊ぶだけでしたが、グレーシーは6歳のオーストラリア・シェパードを毎日訓練し、州大会への出場を目標にしていました。

グレーシーは両親に費用の見積書を持っていきました。そこには、大会参加に必要な用具や参加料などが含まれていました。フィルとスーザンはミーティングで話し合い、それぞれ週10ドルまでグレーシーにお手伝いの仕事を与えることにしました。そして、グレーシーが費用の半分を稼いだら、残りは両親が払うことにしました。

グレーシーはいくつか追加の仕事もして、目標を達成しました。フィルとスーザンは、グレーシーの主体性と粘り強さをとても誇りに思いました。

●●●

「お金が魔法のように見える」

おやつ代や緊急時のため、10代の子どもにクレジットカードやデビットカードを持たせる親もいます。一方で、大学生がカードで借金をするのが問題になっています。

もし子どもにカードを使わせるのなら、利用額の記録を残し、利用額を定期的に確認する方法を教えましょう。カードで買える物を決めている場合、子どもはそれを守っていますか？ 守らない場合はどうしますか？ お金の管理の仕方を知らない子どもがクレジットカードを使うと、お金が魔法のように見えてしまいます。「お金は無限だ」と思ってしまうのです。

子どもにお金の管理の基本である「口座、予算、残高」を教えましょう。銀行口座の開設方法、入金方法、管理方法を教えてください。口座の入出金の記録や残高を確認する方法を一緒に練習しましょう。次に購入計画を立て、自分のお金で予算を立てることを経験させてください。現金と銀行口座の管理に慣れたら、クレジットや借金の管理についても教えましょう。

子どもの服をめぐる無意味なゲーム

衣料品は一般的に養育費で購入します。しかしどちらの親の家でも衣類は必要になるので、両方の親が（子どもと一緒に、あるいは一人で）子どもの服を買うことが多いでしょう。例えば、一方の親の家に着いた途端に3日間雨が降り続いて服が必要になったりすることがあるからです。そのため、二つの家がある家族では、子どもの衣服代の負担方法がよく問題になります。

養育費でカバーされるのはどのような衣類ですか？ 養育費で購入する衣類の種類について合意してください。下着などの基本的な衣類を両方の家に置けますか？ 子どもが幼い時は、パジャマ、ショートパンツやTシャツを親が分けます。時々、再分配が必要になりますが（なぜかパジャマが6着も一方の家にあったりします）、成長とともに、子どもは自分で次の家に持って行く服を管理し、持ち物を確認するようになります。

子どもに二つの家で服を用意することに慣れてもらいましょう。ジャケットやブーツなどの季節衣料は、適宜移動させましょう。子どもが必要なものを全て二組用意するのは無駄になります。親がお互いに相手のために努力すれば、子育ては楽になります。他方の親に服を買わせるために服を持って行かせないといった無意味なゲームが始まらないようにしましょう。

それぞれの家で買う服もあっていいでしょう。特に、予備のテニスシューズやジャケットが必要な場合には役に立ちます。ただし、子どもの服は子どもの物であり、親が縄張りを示す道具ではありません。買ってあげた特別な服を自分の家に置きたい場合は構いませんが、あくまで例外です。

課外活動用の服や高価な服の費用はシェアしてもよいでしょう。例えば、ダウンジャケット代や水泳用の水着代などはシェアできるかもしれません。

子どもは、よく持ち物をなくします。家が一つでも二つでも、子どもは学校にジャケットを忘れたり、友達の家に手袋を忘れたり、ロッカーに水着を置いてきたりします。親はイライラしますが、これはよくあることです。なくなった物をうまく補充するにはどうするかを考えましょう。子どものミスが両親のけんかの原因にならないようにしたいものです。

10代の子どもは、自分で服を買うようになります。服に好き嫌いが出てくるのです。特定のバスケットボールパンツを欲しがったり、学校にはいて行けるジーンズが1本しかなかったりします。親は一定の条件を付けて、服を買うお金を渡してあげてもよいでしょう。その場合、子どもが買う服の予算についても共同養育パートナーと話し合いましょう。

誕生日プレゼントの3つの買い方

両親は、子どもへのプレゼントの買い方を決めます。一緒に買うのか、同じくらいの予算で別々に買うのか、それとも完全に別々に買うのか。それぞれにメリットとデメリットがあります。

- **お金を出し合うメリット**：両親がお金を出し合えば、良い物を買えます。またこれは、両親が自分のために協力していることになるので、子どもにとってはうれしいことです。
- **予算について合意するメリット**：誕生日などのプレゼントに関して、両親が予算を決めれば、親は、お金やプレゼントの競争が起きることを心配せずに済みます。子どもにとっても、両親からのプレゼントに大きな差が生じないのは安心です。
- **両親が別々に決めるメリット**：両親にとって、協力がストレスになるなら、両親が別々に決めることによってストレスを感じないことが、子どもにもメリットになります。

この他にも、例えば「子どもが友達の誕生日パーティーに持っていくプレゼント代を、どちらの親が払うか」といった問題もあります。これも、二人の間で決めておくことが重要です。養育費から払う方法も、養育当番の親が払う方法もあり得ます。いずれにしても、子どもがお金の心配をせずにパーティーを楽しめるようにすることが、子どもへのプレゼントになります。

第7章のまとめ

・共同養育の財務責任者として、子どものお金を誠実に管理しましょう。子どもにお金の管理方法や価値観、何を買えるのかを教えて、子どもに、何かを欲しがることを恥ずかしいと感じさせないようにしましょう。

・あなたの共同養育パートナーは、目標達成のためにあなたとは違う方法を取るかもしれませんが、それぞれが明確で一貫した方法で取り組むべきです。

・養育費の目的、各自の責任、シェアする費用項目について、話し合いましょう。

・費用精算の方法を決めて、誠実に実行しましょう。

・お金の扱い方がビジネスライクで正確であるほど、お互いに対する信頼感が高まります。

第8章

記念日

誰が子どもの誕生日を祝うのか

休日やクリスマスなどの行事がある時は、「親マインド」（第1章参照）になって子どものことに集中しやすいかもしれません。子どもがもう一人の親とお祝いを楽しめるように、自分は一歩引く人もいれば、たとえ短い時間でも、両親が子どもと一緒に過ごす家族もいるでしょう。

両親がそろって子どもと過ごせるかどうかは、きちんと別れて悲しみに区切りをつけられたかどうか、そして両親がお互いを信頼し、尊重できるかどうかにかかっています。

変わる習慣と変わらない習慣

子どもが参加する行事の計画を立てる時には、子どもの年齢や、祖父母や親戚との関係性、そして自分たちがしたいことを考えます。別居手続き中や、別居後1〜2年の間にお祝い事を計画する時には、子どもが別居に慣れたかどうかも考慮しましょう。

大人同士の感情は忘れる

まずは、別居前の祝祭日や長期休暇に何をしていたかを思い出してください。子どもは誰と、どこで、どんなふうにお祝いをしていましたか? 別居後の最初の長期休暇には、親は別居前の家族の伝統を続けることが多いです。

元の家に住んでいる親がいるなら、そこで最初のお祝いができれば別居前の雰囲気を引き継げます。子どもの新生活への慣れ具合を見ながら、子どもの希望に沿うよう計画しましょう。これは子ども中心の考え方で、両親の間で子どもとの接触時間を「公平」にすることとは別の話です。

もう一人の親(共同養育パートナー)を家に招待するのなら、ホストとゲストの関係を守るようにしてください。例えば、クリスマスの朝の7時に子どもがプレゼントを開ける時間が重要なら、養育当番の親は、その時間に非番の親を招待します。招待された親はプレゼントを開ける間だけ一緒に過ごし、ジュースを1杯飲み、その後キスとハグをして帰ります。長くても2時間程度の訪問ですから、両親は「親マインド」を保ちやすいでしょう。

このように親が常に相手との間に一線を引いておけば、子どもが親の仲直りを期待することはなく、またその期待がかなわずにがっかりする心配もありません。

両親が一緒にお祝いしようとするなら、それを子どもに伝える前にまず両親が話し合って合意しておきましょう。他方の親から断られることも想定しておくべきです。

祖父母や親戚、家族の友人、新しい恋人にも、子どもが両方の親とお祝いをできるようにサポートしてほしいと伝えておきましょう。お互いに気は使いますが、よくあることだと割り切りましょう。皆がこの状況に慣れようと努力しているのです。簡単に「一緒にお祝いするのは無理」と決めつけないようにしましょう。方法はあるはずですし、それが見つかればみんなが楽しめます。

・お祝いの間は、大人同士の感情をひとまず忘れて、子どもを大人の争いから解放してあげることを、祖父母、親戚、そして家族の友人に説明しておきましょう。

・あなたは元配偶者としてではなく、あくまでも子どもの共同養育パートナーの一人として参加します。別居直後は、互いに知っている人たち同士でお祝いをする方が子どもにはよいでしょう。親の新しい恋人を子どもに紹介する機会は、これからいくらでもあります。

両親が同じ場所でお祝いをするのが難しい場合は、順番に子どもとお祝いをします。冷静に順番を決めましょう。両方の親とそれぞれお祝いができれば子どもの不安は和らぎますし、子どもが他方の親を心配したり、罪悪感に苦しんだりすることがなくなります。

大切な日を両方の親が楽しむ方法

別居後、最初の数年間は、お祝いのために養育スケジュールを調整することがあります。子どもが幼い間は、両方の親が関われる方がよいからです。会場は一緒でも別々でも構いません。

●●●

ティファニーとクレイグは、クリスマスを祝う方法を決めました。今年はティファニーが12月24日に子どもをダウンタウンに連れていき、例年通りにイルミネーションを楽しみます。クレイグはイブの夕食に合流し、その後子どもを家に連れ帰ります。翌朝、ティファニーは子どもがプレゼントを開ける朝8時にクレイグの家に来て数時間過ごした後、いったん出かけて、午後3時に再び迎えに来ておばあちゃんの家で夕食を食べます。

両親はこの習慣を数年間続けようと考えました。来年は逆に、クレイグが24日に子どもを街に連れていき、ティファニーがイブの夜とクリスマスの朝を過ごす予定です。なお、長期休暇の養育スケジュールはクリスマスとは異なり、それぞれの家の新しい習慣に従って過ごし、旅行を計画します。冬休みは前半と後半に分け、親はどちらかの期間、子どもと過ごします。

両親は数年後、お互いに相手をクリスマスに招待できるようになれば、一緒に祝うかもしれないとも考えています。どうなるかは、その時が来れば分かるでしょう。

●●●

親は、クリスマスなどの日には子どもに会いたいと思うかもしれません。でもちょっと想像してみてください。その場合、子どもの立場からすれば、お祝いの日にはいつも両親の間を往復したり着替えたりして、同じ日に2回お祝いをしなくてはなりません。これでは、子どもに大人のために、、、、お祝いをさせることになってしまいます。

●●●

キャレンとフランクは、収穫感謝祭（訳注：米国やカナダで秋に祝われる祝日）の伝統を大切にしていました。以前は14人がテーブルを囲んで楽しんでいましたが、別居後は一緒にお祝いをしなくなりました。

今年の感謝祭はフランクが養育当番でしたが、キャレンは時間をシェアすることを提案しました。彼女は午後5時にフランクの家でお祝いをしている娘を迎えに行き、その後は自分の家族の食事会に参加させたいと考えました。しかしフランクは、それでは自分の時間が短くなると反対しました。キャレンは、娘には両方の親や家族とお祝いする権利があると主張しました。

長い言い争いの後、二人は娘の視点から考えることにしました。すると、重要なのは、家族とにぎやかにくつろいで感謝祭を楽しむことで、家を移動することではないことに気付きました。そして自分たちは、自分の寂しさを埋めるために議論していたことが分かったのです。

フランクは娘に意見を聞こうと提案しましたが、キャレンは、娘は本音を言えず、両親が望むことを答えるだけかもしれないと思いました。「私たちが決めるべきだと思う」とキャレンは言いました。

キャレンとフランクは、いい方法を考えました。それは、感謝祭当日はその年に養育当番の親が一日過ごし、もう一方の親は翌朝に娘を迎えに行って、クリスマスの準備のためにツリーに使う木を切りに行くというものです。このアイデアを二人とも気に入りました。

●●●

祝祭日のスケジュールを両親が毎回相談して決めるのか、事前に決めておくのかは、両親の関係によります。両親の対立を避けるのが、子どもにとっては大事だということを忘れないでください。

●●●

サムとベッカは、難しい別れを経験しました。彼らはお互いに、祝日には顔を合わせない方がいいと感じていたので、ある祝日と別の祝日で、毎年養育当番が入れ替わる内容の共同養育計画書を作りました。息子のザックは、両親がリラックスしているのを見て安心しました。ザックは「無理に家族らしく振る舞う必要はない」と思っていました。ザックがそれぞれの親と関わる日を分けることによって、両親は対立せずに済んだのです。

●●●

新しい恋人を招待できるか

別居後の生活がうまく回り始めると、休暇やお祝いの過ごし方は、以前とは変わるかもしれません。別居直後は、クリスマスに子どもとユタ州に旅行するなんて想像しなかったでしょう。でも、ユタ州出身のパートナーと再婚したらどうでしょう? そのような可能性も考えておくべきです。

別居直後、両親は厳しい状況に置かれますが、新たな生活リズムができ、家庭生活が回り始めると、状況は一気に改善します。

状況の変化に応じて、祝祭日の過ごし方を両親で話し合いましょう。例えば、あなたが祝祭日の夕食を子どもと共にする場合、共同養育パートナーの新しい恋人はそこに招待しますか? 招待するのなら、席を用意して両親で子どもをフォローします。招待しないなら、スケジュールを変える必要があるかもしれません。

二つの家がある家族がうまくやっていくには、それぞれの家に独立性を持たせ、新パートナーを迎え入れる余地もつくる必要があります。前向きに話し合いましょう。

ジェームズとシェリーは、別居から1年がたつころには緊張感も薄れて、子どものためにほとんどの休日を一緒に過ごすようになっていました。

10月に、シェリーはジェームズに「今年の感謝祭は『私の番』なので、私だけが子どもと過ごしたい」と伝えました。ジェームズは驚いて「がっかりしたよ。君を信じられなくなりそうだ」と言いました。シェリーは「本当はあなたともう少し距離を取りたかったけど、今まで言えなかったの」と打ち明けました。シェリーは以前からカイデンと付き合っていて、彼をお祝いに招待したかったのです。

ジェームズにとっては聞きたくない話でしたが、正直に打ち明けてくれた彼女は誠実だとも思いました。

二人はクリスマスについても話し合い、プレゼントを開ける時間には引き続きお互いを招待することにしました。しかしその他の祝祭日は、別々に祝うことにしました。シェリーは「これからはカイデンも招待するかもしれないから、考えておいてほしい」と言いました。ジェームズは、胸が締め付けられるように感じ、シェリーや子どもがカイデンと一緒にいるのを見ても自分は大丈夫だろうかと想像しました。その時になれば分かるでしょう。今すぐ知る必要もありません。それまでの間、彼は別れを受け入れて前に進むことに集中するつもりでした。

●●●

結局、元の家族の伝統をそのまま続ける親もいれば、別々に全く新しい伝統をつくって祝祭日を祝う親もいます。多くの家族は、その中間でしょう。家族みんなにとってどうすればうまくいくのかを考えてください。自分の気持ちも考えて共同養育パートナーと話し合い、良い方法を見つけてください。

柔軟性と創造性、そして適切な境界線と明確なコミュニケーションがあれば、共同養育は成功します。

●●●

グウェンとダニエルは、別居前には子どもと一緒に、キリスト教とユダヤ教の両方のお祝いをしていました。別居後、グウェンは「自分はキリスト教の祝日を祝うから、ユダヤ教の祝日はダニエルに引き受けてほしい」と言いました。

そこで年末は、クリスマスにグウェンが子どもの養育当番となる代わりに、ユダヤ教のハヌカ（訳注：年末に8日間行われるお祭り）の初日と8日目にはダニエルが子どもと一緒に過ごすことになりました。

春休みには、キリスト教のイースターと、ユダヤ教の過越祭（訳注：春に8日間行われるお祭り）が重なる可能性があることが分かりました。重なる年には、お互いに大事なお祝いの日に子どもと一緒に過ごせるように、その都度調整をすることになりました。

1日しかない子どもの誕生日の過ごし方

子どもはお祝いを計画するのが大好きです。誕生日に好きなケーキを食べるといった習慣は、良い思い出になります。もう一人の親に子どもが渡す誕生日カード作りをあなたが手伝えば、敬意と感謝を伝える方法を子どもに教えられます。

誕生日はとても大切です。それは、日常の中で少し立ち止まって、大切な人に「生まれてきてくれてありがとう!」と伝えるものだからです。

養育当番でない親はどうするか

子どもの誕生日には、二つの重要な意味があります。一つ目は、子どもが1歳年を取ること。そして二つ目は、子どもの誕生を振り返るということです(これは親のためのものです!)。別居中の親が、この両方の意味でお祝いをする方法はいくつかあります。

誕生日パーティーは、子どもの年齢によっても意味が変わります。

幼い子どもにとって、誕生日パーティーは家族や親戚、友達とのお祝いであることが多いです。別居直後にこれらの人たちが集まるのが気まずければ、別々に集まってもよいでしょう。

子どもは成長するにつれ、友達とパーティーをしたがるようになります。両親は、そのホストになり、一緒にパーティーを計画して費用を負担します。両親が交代でホストを担当する家族もあれば、共同でホストをする家族や、一方の親が常に「誕生日プランナー」になる家族もあります。中立の場所で開催すれば、両方の親が出席しやすくなります。パーティーを2回（それぞれの親が1回ずつ）開催するのは、競争になりやすいのでお勧めしません。

10代になると、子どもは親からさらに独立します。両親は、会場や時間、お祝いの方法を話し合い、予算などを決めます。中には、友達との誕生日パーティーはもう卒業して、再び家族中心のお祝いに戻る子どももいます。その場合、両親と、レストランなどで祝うこともあれば、養育スケジュールに従ってそれぞれの親の家でお祝いすることもあります。

両親は、子どもの年齢や希望に加えて、共同養育パートナーと一緒にパーティーに参加するかどうか、あるいは祖父母や親戚を呼ぶかどうかも考えて、お祝いの方法を決めます。

誕生日パーティーの計画をスムーズに進めるには3つのコツがあります。

- パーティーの責任者となる親を決めます。毎年交代してもよいでしょう。
- 複数の子どもがいる場合は、ある年は片方の親が全ての子どもの誕生日パーティーを計画し、翌年は交代するという方法をお勧めします。子どもには「今年はママが計画をする年だよ。来年はパパがするからね」と説明しましょう。
- 誕生日パーティーの間は、ホストとなった親がパーティーを仕切ります。もう一方の親は補助的なゲストとして参加し、ホストである親に従ってサポート役になります。

大事なのは、楽しくくつろげる誕生日パーティーにすることです。両親が心から楽しめればよいのですが、緊張していたり、怒っていたり、悲しんでいたりすると、子どもは敏感に感じ取ります。感情のコントロールは大事ですが、その限界を認めることも必要です。

また、祖父母や親戚、友人の気持ちも想像しましょう。エディおばさんが、自分の意見を言わずにはいられなさそうな場合は、別の機会にお祝いしてもらいましょう。

子どもの友達とのパーティーとは別に、それぞれの親が自分の養育当番の時間に家族で誕生日を祝うこともできます。これは祖父母や親戚から愛情を示してもらうチャンスになります。プレゼントをもらいすぎて文句を言う子どもはいないでしょう。

厄介なのが、誕生日当日の扱いです。その日が非番の親は、自分の養育当番の日までお祝いを我慢する方がいいでしょう。誕生日当日は、相手に承諾を得て玄関先にカードやプレゼントを置いたり、電話やテキストでメッセージを送ったりする方法があります。誕生日にハグやキスをしたい場合、15歳前後になると学校などの予定もあるので、次の点を考えましょう。

・養育計画上、子どもの誕生日に、非番の親が子どもと会うことはできますか？
・放課後、習い事に行く前などに1時間ほど一緒に過ごすことはできますか？
・放課後の習い事の後に子どもと会うと、宿題をする時間がなくなったりしませんか？
・養育当番の親は、子どもの誕生日に特別な夕食を用意しているかもしれません。お菓子をたくさん食べさせたりしないように気を付けてください。

誕生日が週末や長期休暇に当たる場合は、さらにさまざまなケースが考えられます。

また、あなたの養育時間に、別の兄弟姉妹（共同養育パートナーとその新パートナーとの間の子どもなど）の誕生日パーティーがあることもあります。そのような時は、できるだけ子どもが出席できるように配慮しましょう。養育時間を交換するか、あなたの養育時間中のアクティビティと考えるかは、どちらでも構いません。大切なのは、子どもの立場で良い方法を考えることです。

子どもに祝ってもらうことは期待しない

ここで残念なお知らせです。親にとって子どもの誕生日は大事ですが、多くの子どもにとって、親の誕生日はそれほど大事ではありません。不思議ですよね。子どもが親を愛していないわけではありません。単に子どもは、自分が注目されることに興味を持つものだということです。子どもがあなたの誕生日に関わってくれることは期待しないでください。誕生日に子どもに会えるかどうかも分かりません。以下のアイデアを試してみてください。

・子どもがあなたの誕生日にあなたと一緒にいる時は、何か特別なことをしましょう。誕生日、特別な行事などは家族と気軽に祝うものだということを、子どもに教えましょう。

・子どもが一緒にいない場合、あなたは誕生日を友人や他の家族と祝うか、贅沢なセルフケアの時間にするなど、気分が良くなる過ごし方をしてください。休日なら何か予定を入れておきましょう。子どもが戻ってきたら、一緒に誕生日を祝いましょう。

元配偶者の誕生日にすべきこと

家族の生活には、他にも特別なお祝い行事があります。伝統的な例をいくつか見てみましょう。

母の日と父の日の過ごし方

ほとんどの共同養育計画書では、母の日や父の日に子どもがどちらの家で過ごすのかが決められています。別居前にはどのようにお祝いをしていたか、思い出してみてください。

・あなたのために朝食を作って運んできてくれたでしょうか？
・もう一方の親の助けを借りて作った手作りのカードやプレゼントをくれましたか？
・家族みんなで外出を楽しんだでしょうか？
・自分だけで楽しむ自由な1日をもらいましたか？

別居前の習慣を続けてもいいですし。新しい習慣をつくるのも良いでしょう。

また、あなたの養育当番の日が共同養育パートナーの誕生日の場合は、誕生日のお祝いを手伝うか、少なくとも子どもに配偶者へ電話させてあげましょう。そして子どもがカードを書いたりプレゼントを買ったりするのを手伝ってあげてください。できれば、その日は共同養育パートナーが子どもと長い時間を過ごせるように提案しましょう。

あなたの元配偶者の誕生日に、子どもがカードやプレゼントを用意するのをあなたが手伝えば、子どもは貴重な人間関係の教訓を学びます。

その他の特別な行事

あなたの家族にはおそらく他にも、他の特別な行事や休日があるでしょう。それをどうするか、さまざまな家族のイベントを参考に、試行錯誤しながら良い方法を見つけてください。二つの家がある家族が大切にしている家族行事の例をいくつかご紹介します。

- 夏恒例の家族のキャンプ
- 友人家族と共有する別荘での休暇
- それぞれの家庭での宗教行事

二つの家がある子どもは、両方の家の儀式や伝統、お祝いを、祖父母や親戚と楽しめます。

第8章のまとめ

・別居直後は、親は元配偶者と距離を置く必要がある場合があります。一方で、子どもの行事に一緒に参加して、子どもにいつも通りの体験をさせることもできます。
・別居後1～2年は、もしも可能であれば、元配偶者との距離を保ちつつ、別居前の家族の行事をできる範囲で続けて子どもを安心させましょう。
・別居後時間がたつと、古い伝統に新しい伝統が加わっていきます。両親の新パートナーが参加するようになると、お祝いの方法も変わることがあります。
・特別な行事を祝う方法は、時間とともに変わります。行事の重要性も徐々に変化し、最終的には、家族の絆を保ちながら、両親が自立・成長していきます。
・休日や特別な行事を常に楽しく過ごすのは、両親が同居する家族でも難しいことがあります。無理をせずに、時間をかけて心を回復させながら取り組んでください。
・両親が協力して家族の習慣や伝統を続けるために、柔軟に考えましょう。
・子どもにとって、友達との誕生日パーティーは特別です。両親が（たとえ短時間でも）一緒にいてくれると、子どもは愛されていると感じます。
・子どもがもう一人の親の誕生日をお祝いするには、あなたの手助けが必要かもしれません。愛する人を喜ばせるという貴重な経験を子どもにさせるため、手伝ってあげてください。
・両親はそれぞれが、プライベートや家族の行事について、自分で決めることができます。そのことをお互いが忘れなければ、両親の対立が減り、子どもは安心できます。

第9章 行事

子どものイベントで両親はどう振る舞うか

「応援席には母とその友人、兄、親と継母、異母兄妹、そして祖父母がいます。これほど多くの人に見守られ、たたえられる子どもは幸運です……誰が彼らを『壊れた家族』などと言えるでしょう？」

――**バーバラ・キングソルバー**

『ハイタイド・イン・タスクソン』の「ストーンスープ」より

両親が別居した後も、子どもは学校や課外活動、病院、イベントなどで両親と関わります。これらの関わりは、かつては両親が二人でしていたことです。本章では、別れた両親がやりにくさを乗り越えて、第三者がいる公共の場所で気持ちよく過ごすための方法をご紹介します。

恋人と子どものサッカーを見にいくべきか

配偶者と別れても、「親マインド」（第1章参照）になって現状を受け入れれば、元配偶者と一緒に公開イベントなどに参加できます。感情が乱されても、冷静になる方法を身に付けておけば大丈夫です。今は気が進まないかもしれませんが、経験を重ねるうちにできるようになるはずです。

「なぜ元配偶者に人生を振り回されないといけない？」

- 子どもの父親も母親も、子どものイベントの場にいるべき人です。
- あなたが会いたくない人も来ていることを想像してください（その人にもイベントに参加する自由があります）。
- コントロールできるのは自分だけです。他人の出欠をコントロールしようとすると、自分が苦しむことになります。前向きに正しく対処する方法を身に付けましょう。

配偶者と別れても、あなたは常に「１００％の親」であることを忘れないでください。

ただ、公開イベントの場では、あなたの親としての役割が分かりにくくなるかもしれません。それをはっきりさせるために、公開イベントの最中もどちらが養育当番なのかを意識しましょう。つまり、イベント中は養育当番の親が子どもの責任を負い、非番の親はゲストになるのです。もしも子どもがイベント中に非番の親に何かを頼ったら、その親は当番親に頼むように言います。

別居から必要な時間を置いてからイベントに臨みましょう。別居から立ち直るには時間がかかります。親の気持ちが安定すれば、子どもはリラックスして活動できますし、親も子どもに集中して、その気持ちを支えられるようになります。

●●●

ルイスは、妻と別居して3カ月後にセレナと付き合い始めました。土曜日に、ルイスのアパートの近くで息子ブレントのサッカーの試合があります。

「彼女を試合に誘いたいな。ブレントと自然に引き合わせるには絶好の機会だ」

しかし、別の声がこう言いました。

「でも、もしブレントのママが試合に来たら、大騒ぎになるかな」

また別の声が飛び込んできました。

「どうしてブレントのママに僕の人生を振り回されないといけないんだ?」

すると、別の声が穏やかにこう言いました。

「ブレントはどうなる? ブレントのママが動揺して子育てに影響したら?」

ルイスは、しばらくは一人で応援に行くことにしました。そしてブレントのママが来ていたら、彼女に礼儀正しく接することにしました。

子どもの立場を常に考えるように心がければ、両親はやがて前向きに変化を受け入れられるようになり、お互いの気持ちを尊重して悲しみを乗り越えることができるでしょう。

●●●

イベント中のトラブルを避ける方法

子どものイベントに参加している時は、その瞬間を楽しみましょう。誰が養育当番かを意識しつつ、子どもが両方の親と接触できるようにして、子どもが戸惑わないようにしましょう。両方の親がイベントに参加し、子どもが非番の親とも話ができるようにするのは、子どもにとって良いことです。イベント中は、以下のことを心がけてください。

・もう一人の親が居心地の悪さを感じないよう、サッカーの試合など公開イベントの場では、互いに必要な距離を保ってください。子どものイベントに注目して、もう一人の親の方はなるべく見ないようにしましょう。

・他の子どもの親と一緒に座るなら、誰と座るかは穏やかに決めてください。縄張り争いはやめましょう。落ち着いて考えれば、二人とも居場所が見つかるのではないでしょうか。そのうち、同じ応援席にいても平気になるかもしれません。子どもが両親に応援されていると感じるようにしてあげてください。

・あなたが養育当番なら、子どもには「あそこにパパ（ママ）がいるよ。挨拶に行って、すぐ戻ってきてね」あるいは「二人の間を自由に移動していいよ」などと伝えてあげましょう。

・あなたが非番の日なら、補助役に徹しましょう。子どもが「お菓子を買っていい？」などと聞いてきたら、当番親に聞くように言ってください。もしも自分の子でなかったらどう答えるかと考えて対応すれば、当番親の邪魔にはならないでしょう。

・非番の場合は、一定のラインを守りながら、子どもに心を開いて愛情を込めて話しかけてください。ぎゅっと抱きしめたり、おめでとうと言ったり、状況に応じた適切な対応をしてから、「もうすぐまた会えるよ」と安心させてください。

・試合が終わったら、非番の親が子どもとハイタッチなどして試合を簡単に振り返る時間を数分間持てるよう、養育当番の親が配慮してあげてください。ただし、非番の親は、子どもと長々と話し込んだりしない方がいいでしょう。

卒業写真を誰と一緒に撮るか

学校説明会や文化祭、保護者面談などは、養育スケジュールに関係なく両親が自由に出席できるので、分担ができます。「今回はあなたが行って、次は私が行く」というように。

子どももイベントに参加している場合は、前述のスポーツや課外活動の方法に従ってください。文化祭などでは、子どもが両方の親を案内できるように配慮しましょう。共同養育パートナーと事前に打ち合わせをして、子どもが戸惑わないようにしましょう。

● ● ●

リックとミッチはどちらも、息子のタイソンの科学文化祭に出席するつもりでした。養育当番のリックは、ミッチに「夜の7時〜7時半と7時半〜8時のどちらがいいか」と尋ねました。ミッチは2番目の時間帯を希望しました。当日は7時半が近づくと、リックはタイソンに「ミッチにプロジェクトを紹介した後、8時に食堂に戻ってきてね」と伝えました。

● ● ●

保護者面談は、両親が一緒に面談すれば同じ話を聞ける上、他方の親の質問も聞けます。別々に面談するなら、メモを取って他方の親と共有するとよいでしょう。

親子が一緒に座るパーティーやフォーマルなイベントでは、子どもは養育当番の親と一緒に座るようにしましょう。どちらの親と座るかを子どもに決めさせると問題が起きます。両親はお互いに一定の距離を保ち、子どもに適切な指示をしてお互いにサポートすれば、子どもは安心します。

● ● ●

別居後、父のウォルトは、娘エリカのバンド活動に関わる親のグループに残りましたが、母のバーバラはそこから離れました。

高校2年生の終わりに、バンドのパーティーが行われることになりました。ウォルトは、友達の親と一緒にテーブルにつきましたが、バーバラは、別のテーブルに座りました。ひとりぼっちだと感じましたが、親のグループから離れたのは自分だったので我慢しました。エリカはすぐに母親のところに来て、ぎゅっと抱きしめ「来てくれてうれしい」と伝えました。そしてプレゼンテーションが始まると、父親の隣に座りました（その週は父親が養育当番でした）。

両親の適切な行動のおかげで、エリカは堂々と振る舞うことができました。

●●●

学校での親のボランティアやプロジェクト（訳注：日本のPTAのような活動）に参加する際は、非番の親が養育当番の親と子どもの関係を邪魔しないようにしましょう。どちらが先にボランティアに申し込むかを競ったり、他方の親を参加できなくしたりしないように注意してください。3カ月ごとの共同養育ビジネスミーティングで、割り振りを話し合ってもよいでしょう。

高校の特別なイベント（学園祭、卒業パーティー、表彰式など）では、写真撮影などで両親が顔を合わせることになります。10代の若者は、自分と他人の違いに敏感です。親が参加する時は、子どもが友達と自由に写真を撮ったりできるようにして、子どもが親の心配をせずに楽しめるようにしてあげましょう。

リサとマットは別居してから8年間、息子のジェフリーが出場するほぼ全ての試合を、それぞれ体育館の反対側から観戦していました。

シーズン最終試合では、高校3年生の選手が表彰されました。母親が応援に来ている選手にはバラの花が配られ、プロのカメラマンが両親と息子の写真を撮りました。リサとマットはジェフリーに軽く腕を回し、挟んだ息子を抱きしめました。両親ともジェフリーの気持ちを考えた「親マインド」で行動しました。

リラは、チアリーダーのキャプテンとしてゲームに参加していましたが、母親とステップマザー（継母）が来ていたので、2本のバラが必要でした。父母がリラの両側に立ち、ステップマザーが父親の外側に立つと、シャッターが押されました。

●●●

卒業式は子どもにとっては人生の節目であり、親にとって誇らしい瞬間ですから、両方の親が祝えるようにするのが理想です。お互いに写真を撮りましょう。両親と子どもで一緒に写真を撮ってもらってもいいでしょう。親がリラックスすれば、子どもは「自分のせいで両親は無理をしているのではないか」と心配せずに済みます。

卒業式は素晴らしい場です。しかし、子どもが大人の面倒を見る場ではありません。

なお、両親の新パートナーが、まだ家族から十分に受け入れられていない時は、子どもの立場を考えて新パートナーには遠慮してもらい、両親で子どもの門出を祝ってあげてください。これは、新パートナーが立場を譲るということではありません。子どもを祝うために、子どものことを考えた結果だということを、事前に説明しておいてください。

宗教が離婚した人を持て余す理由

宗教に関して、別居後に深刻な対立が生じることがあります。宗教上の価値観や子育ての方法にズレが生じ、片方の親が裏切られたと感じるのです。

信仰は個人の問題ですから、別居後の宗教活動は、原則として、その時の養育当番の親が決めることになります。一方で、宗教的慣習を大事にしている家庭では、別居前の活動を別居後も続けるために、次のような内容を両親が話し合って決めることもあります。

- 宗教活動をする親が、子どもの送迎などのあらゆる手配をする。他方の親の養育時間中でも、合意があればそうして構わない。
- 宗教活動をする親は、養育時間を他方の親と交換して子どもと一緒に宗教活動に参加する。
- 宗教活動をしない親は、子どもの宗教行事を課外活動と同じようにサポートする。つまり、ピアノのレッスンに連れていくように、教会の勉強会にも子どもを連れていく。
- 宗教活動をする親は、他方の親の養育時間中はその親に子どもの宗教活動を管理してもらう。

子どもにとって、特定の宗教活動（教育、実践、儀式など）が大事だということに両親が同意したら、子どもが参加できるように二人で支援しましょう。

子どもが実践を続けようとする時は、両親の支えが必要です。

一般的に信仰コミュニティーは、結婚や家族を重視するので、別居した夫婦にうまく対応できないことがあります。親は居場所がなくなったと感じるかもしれません。根も葉もないうわさを振り払う必要があるかもしれません。また、恥ずかしさや気まずさを感じるかもしれません。かつては気楽で温かい場所だったのに、離婚後は居心地の悪さを感じることがあるのです。

しかし、もしも信仰によって、元配偶者に対する感情にうまく折り合いをつけられるようになれば、緊張は和らぎます。例えば次のような方法もあります。

・信仰の指導者と率直に話をして、元配偶者と距離を保ちながら尊重し合う方法を相談する。
・元配偶者と、宗教活動の場をどのように共有し、分けるかを相談する。
・元配偶者とは同じ宗教活動に出席しないようにする。
・可能であれば、元配偶者とは別の信仰コミュニティーを探して参加する。
・前述のスポーツや課外活動に参加する時の方法に従う。
・子どもが仲間のコミュニティーを続けられるようにサポートする。

子どもは成長とともに、宗教活動についても自分の考えを持つようになるでしょう。いつになったら自分で決めさせるのかを考えておく必要があります。両親の考えが一致していないと、子どもはその違いを利用しようとするかもしれません。

子どもが宗教活動を実際にするかどうかにかかわらず、子どもが良い人間として成長することを信じて見守りましょう。

要注意！ 医師との会話を聞く子ども

親は、医療関係者との面談から、子どもの健康について重要な情報を得ます。両親が別居していても、メールなどできちんと引き継ぎをすれば、両方の親が最新の状態を把握できます。

また医師とのやりとりは、コミュニケーションの方法を子どもに教える良い機会にもなります。ただし、子どもが横で話を聞いていることは常に忘れないでください。

医師などと話す時は、子どもが将来、自分の健康について医師に相談する時のお手本となるように話してください。また、二つの家がある生活についても、前向きに、正確に、子どもの成長に合った内容を話してください（この話が子どものファミリーヒストリーになります！）。

共同養育パートナーの微妙な情報を伝える時や、その育児方法を批判するような話になりそうな時は、子どもに聞かれないよう、医療関係者と1対1で話す時間をつくってもらいましょう。

ミヤコの息子のコールは、４歳の時に小児性高血圧症と診断されました。ミヤコはコールの父親のロブと別居中で、コールは隔週で父親の家に行っていました。ミヤコは小児看護師のセリアにこのことを説明し、６歳になったコールにも、二つの家がある家族について自分で説明させました。

診察の結果、コールの血圧がこれまでになく高くなっていることが分かりました。セリアが血圧上昇の原因を探し始めた時、ミヤコはセリアに、二人だけで話したいと伝えました。コールは廊下に出て椅子に座りました。

ミヤコは、ロブが独り暮らしをしていて、コールを外食に連れていくことが多いことをセリアに話しました。ロブは、ハンバーガーやフライドポテトの外食は「男の絆」のために必要だと言うのですが、そのことに口出しをすると煙たがられるだろうとミヤコは感じていました。

セリアはコールを診察室に呼び戻し、母親や父親と外食する際のお勧めの食べ物リストについて説明しました。リストは二枚あり、ミヤコが一枚をロブに渡すことになりました。これでもうまくいかなければ、ミヤコはロブに、コールを次の診察に連れてくるように頼むつもりでした。

コールが大人の会話を聞いていたら、父親との楽しい食事について罪悪感を覚えたかもしれませんが、ミヤコの配慮のおかげでそうはなりませんでした。また、両親が子どもの健康のために何に気を付ければいいのかもはっきりしました。

●●●

両親は子どもを最優先に考えてお互いに丁寧に接し、子どもの健康診断や歯科検診で協力できる信頼関係をつくりましょう。できれば交代で予約を取り、どちらの親も検診に同伴して話を聞きましょう。あるいは、検診担当の親を決めて毎年交代することにして、責任や養育スケジュールへの影響を分担するという方法もあります。費用の支払い方法も確認しておきましょう。

友達のパーティーに参加する時

子どもの友達の誕生日パーティーへの出席準備はどちらの親がしても構いませんが、子どもが出席できるように協力しましょう。なお、友達の誕生日パーティーが週末に重なるなどして、養育時間への影響に差が生じることがあります。その場合、影響が少ない方の親が、プレゼント購入の手配などの準備を申し出てもいいでしょう。そのようにしてお互いに助け合いましょう。

友達の誕生日パーティーに両親も招待された場合は、公開のイベントと同じく、両方の親が出席できます。ただ、そのような時に養育当番の親だけが参加するという合意が既にある場合は、非番の親は、当番の親が養育時間を交換してくれた場合に限り参加できます。

イベントにまつわる問題は、子どもを中心に考えて柔軟に解決しましょう。

子どもの気持ちを尊重しようとしても、さまざまな事情で、両親が共にパーティーに出席できないこともあるでしょう。それが、両親が連絡を取り合って決めたことなら、子どもは受け入れやすいものです。一方の親が「今回は行けないね」と言い、他方の親も「今回は欠席しよう」と同意すれば、子どもは納得しやすいものです。

友達の連絡先は共有する

共同養育をする両親は、子どもの友達の家の連絡先を共有することが多いです。情報共有を子どもの友達の家族に了承してもらいましょう。また両親は、紙で受け取った招待状なども共有しましょう。招待日の当番親宛てに直接送ってもらうよう頼んでも構いません。

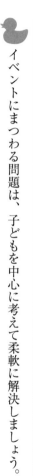

子どもの習い事や遊びの日程調整は、その日に養育当番の親がします。子どもに他方の親への伝言を頼むと、子どもは負担に感じるかもしれません。必要なことは親同士で直接話し合いましょう。

● ● ●

クリスとクリスの父方のいとこのベンは親友でした。両親が別居すると、ベンはクリスが母親のベスの家にいる間は遊びに行きにくくなってしまいました。

クリスの父親のジムは兄夫婦と話をして、クリスにとってベンが大切な友人だと伝えました。ベスも同じように考えていたので、元義理の兄夫婦が電話をかけてきて、自分が養育当番の週末にクリスを彼らの家に招待してくれた時にはほっとしました。逆に、ベスがベンを自分の家に招待したところ、来てくれることになったので安心しました。

●●●

元配偶者のイベントにどう対応するか

家族の大事なイベントには、子どもが参加できるようにしましょう。母親の大学の卒業式、父親のボランティア活動の表彰式、曾祖母の90歳の誕生日、叔母の結婚式などです。親とその新しいパートナーとの関係が家族に発展したら、新パートナーのイベントについても同じだと考えてください。両親が協力すれば、子どもは豊かな家族の感覚を持つことができます。

●●●

フェリシティは、自分の大学の卒業式には子どもも出席してほしいと思いました。元夫のマイクは、別居に至る経緯にはわだかまりがありましたが、子どもと一緒に式典に出席することにしました。「子どもの母親にとっては特別な瞬間だから、自分の養育時間でも参加した方がいい」と思ったのです。

その結果、子どもは父親と母親の板挟みにならず、心から母親の卒業を祝うことができました。子どもが喜ぶ様子を見たマイクも、フェリシティを広い心でサポートしたのは間違っていなかったと思いました。

第9章のまとめ

・子どもの試合など、公開イベントに親が参加する時には、心の準備と配慮が必要です。
・両親やそのゲストは、他方の親に配慮して必要な距離を保ちながら、子どものイベントに自由に参加できます。
・養育当番を決めておけば、イベント中にどちらの親が責任者かがはっきりします。
・学校は二つの家の架け橋です。うまく対応すれば、子どもが安心できる場所になります。
・信仰コミュニティーは家族を重視することがあるので、別居した親は注意が必要です。
・病院の検診は、大切な情報を共有できる場です。子どもの前での発言に気を付けましょう。
・両親が子どもの友達の連絡先を共有すると、子どもがスムーズに二つの家を移動できます。
・家族に新メンバーが増えると、子どもがイベントを楽しむ機会がさらに増えるでしょう。

第10章 適応

元配偶者や自分に新しい恋人ができたら

パートナーと別れるのは大変な作業です。そして、親のどちらかに新しい恋人が現れると、別れの作業はさらに複雑になります。またそのタイミングにより、他方の親や子どもが、その人を受け入れられるかどうかが決まります。別居と新しい恋人との関係を考えてみましょう。

脳内ホルモンがあなたを狂わせる

大人同士の恋愛関係は少しずつ発展するものです。ただ、中にはデートなんて遠い過去のことで、人生で再び恋愛をするとは思っていなかったという人もいるでしょう。もし新しい恋人をつくろうとするなら、以下のことを心に留めておいてください。

できれば、今の関係を終えてから、次の関係を始めるべきです。「べき」という言葉に注目してください。そうすべきですが、人生は必ずしもそうなりません。それなのに、なぜそうする「べき」なのか。それは自分自身を見つめ直すためです。未解決の問題を抱えたまま新たな恋に落ちて、自分や他人を傷つけないためです。そして現在のパートナーに敬意を示すためです。

新しい恋を急ぐと、新しい関係が広がりにくくなります。結婚生活の温もりや安心感、心地よさを再び手に入れたいと焦ると、新しい恋に飛びついてしまいがちです。

新しい恋に焦ると、過去の結婚から引きずる多くの問題に、新しい恋人と一緒に取り組まなければならなくなります。

未解決の問題を横に置いてデートを楽しむのは、必ずしも悪いことではありません。ただその人とはすぐ付き合うのではなく、性格や価値観を十分理解した上で、ゆっくりと関係を進めましょう。**リバウンドから始まる関係は、多くの場合はうまくいきません。**次々と相手を変えるのは、悲しみや傷、孤独、そして自分自身から逃げたいからかもしれません。誰かの腕の中に飛び込んで、嫌なことを忘れようとしているのです。しかし、そのような関係は長続きしません。そのうちに次のサイクルが始まり、後には傷ついた人々が残されます。

人は恋に陶酔します。医学的には、私たちが恋愛する時には脳内に大量にホルモンが分泌されます。それによって私たちは飽くことなく愛し合い、恋が特別だと感じるのです。恋に落ちた時の気持ちを「光の中で踊っているようだ」と言う人もいます。この時に重要な決断をしてはいけません。バラ色の眼鏡をかけていられるのは数カ月ですから、取り返しがつかなくなります。

陶酔の後には失望が訪れます。関係が進むと影が踊り始め、相手の欠点が見えてきます。そこから本当の関係づくりが始まります。けんかをしても、努力すれば仲直りできるでしょう。しかし、その努力よりも恋の陶酔感を好む人は、再び新しい相手を探し始めます。以上の段階まで3～4カ月かかります。

絆が深まると、お互いを冷静に理解するか、もしくは嫌になります。交際から9カ月ほどたつと、お互いが分かってきます。1年ほどたつと、人生を一緒に歩めるかどうかが分かるでしょう。

焦る必要はありません。そもそもデートは、気が弱い人には向いていません。「100回バットを振らないと、1塁まで行ける人に出会えない」という人もいます。自己肯定感を満たすために急いで相手を探すと、カウンセラーのお世話になる羽目になります。自分を大事にしましょう。一緒に関係を深められる安全な人、そして深く愛し、愛される人を待ちましょう。

もちろん、親は完璧ではありませんし、恋愛はスケジュール通りにはやって来ませんが、子どもを守ることを忘れないようにしながら前に進んでください。子どもに新しい恋人を紹介するタイミングが早すぎたり、その頻度が多すぎたりするのは良くありません。子どもを巻き込む前に、まずその人との関係を慎重に見極めましょう。

恋人と子どもを会わせるタイミング

親からよく聞かれるのは「いつ恋人と子どもを会わせればいいですか?」ということです。そう聞く親は、今すぐ紹介したいと考えていることが多いです。

その答えは、「その関係が子どもを巻き込んでいいほど重要で確実になった時」です。他にも大事なことがあります。(1) あなたが他の大人に関心を持っても子どもは大丈夫か、(2) 他の大人が生活に入り込んできても子どもは大丈夫か、ということです。これがいつかをはっきり言えればよいのですが、それほど簡単ではありません。なお、離婚手続きに影響する場合は弁護士への相談が必要です。

あなたの共同養育パートナーは、あなたが自分の新恋人を子どもに紹介することを事前に知っておきたいでしょうか。メールで知っておきたいか、後から子ども経由で聞くのがよいか、人によって違うので正解はありません。子どもにとってどちらがいいのかも考えましょう。

紹介の方法は、ショッピングモールなどで偶然のように会う、新しい彼氏/彼女を夕食に招待するなど、さまざまな方法が考えられます。子どもへの紹介には、4つの段階があります。

・「この人は友達よ。紹介するわ……」――これは、公共の場での何気ない紹介です。予定通りの短いやりとりで、交際から約3カ月の時期に、通常は一度行われます。親は、新しい恋人に自分の子どもに会ってもらい、自分の人生を知ってほしいと思っています。

・「特別な人を紹介するよ……」——これは子どもへの正式な紹介です。子どもはその人のことを知っていても正式に会うのは初めてで、あなたは養育当番でない日にその恋人とデートしています。これは、交際を始めてから4～6カ月ごろです。

・「今日の夕食にはジャニスが来て、一緒に映画を見るよ……」——この段階になると、恋人はあなたの家に遊びに来て、家族のイベントにも参加します。皆で一緒に外出することもありますが、泊まることはありません。交際してから6～8カ月ごろです。

・「週末はグラントが家に来るよ」——これは、恋人が家に泊まるようになり、家族の生活に溶け込んで自然に家にいる段階です。交際から約1年たったころですが、正式に交際を約束するまでは泊まるのを控える人もいます。

子どもは親の恋人を受け入れるか

子どもが親の新しい恋人を受け入れるかどうかは、別居期間、子どもの年齢、子どもの別居への慣れ具合によります。幼児は、10代の子どもよりも新たな大人を受け入れやすいものです。

・就学前や小学校低学年の子どもは、親がその人と結婚するかどうか、その人は新しいママ／パパになるのかを早く知りたがります。その人を家族関係に落とし込んで安心したいからです。一方で、その人に嫉妬し、親に自分に関心を持ってほしいとも思っています。

・小学校高学年の子どもは、親の新パートナーを敬遠する気持ちと、新パートナーに愛されたい気持ちがせめぎ合っています。その人を喜ばせようとしたり、逆に良くない行動を取ったり、態度がころころ変わるかもしれません。親を失うことを恐れる気持ちもあります。

・中学生は自意識が強くなり、道徳観を形成している時期なので、親を厳しく批判するかもしれません。また親から自立しようとしつつ、親を失うことも恐れています。他方の親を守ろうとして、親への心配と自分の生活の間でジレンマに陥ることもあります。

・高校生や16歳以上の子どもは、既に自立を始めているため、新パートナーをあまり歓迎しません（離れようとしている親が二人いるのに、なぜさらに親が必要でしょうか？）。新パートナーが「格好いい人」なら、興味を持つこともありますが、基本的に関心は薄く、新パートナーから何か否定されたりしようものなら、すぐに興味を失います。朝や夜に自分の家に新パートナーがいることを露骨に嫌がり、親の性生活には不快感を表します。

・大学生や成人した子どもの新パートナーの受け入れ方は、さまざまです。親が新しい愛を見つけたことを心から喜ぶ子どももいます。一方、元の家族を失った悲しみから、誰が「本当の家族」で誰がそうでないのかをはっきりさせようとする子どももいます。

元配偶者の恋人に会うべきか

別居の前後に親に新しい恋人ができた場合、家族全員が喪失感や不安を感じるので、家族とその人との関係は難しくなりがちです。この時期に付き合い始めることが良いか悪いかという問題は別にして、仮にそうなったという前提で、親の視点から考えてみましょう。

あなたに恋人ができた場合

あなたは、元配偶者とは以前から心が離れていたのかもしれません。だからといって浮気をしていいわけではありませんが、あなたはそうだったということです。今、あなたは恋に落ち、別居をして、子どもに新生活に慣れさせようとしていますが、あなたの脳は、恋愛ホルモンに酔っています。恋のホルモンが分泌され、思考がゆがめられています。自分は完全に正しく、家族は間違っていると思うかもしれませんが、大きな過ちです。あなたは彼らにねたまれているとすら感じるかもしれませんが、あなたが彼らを打ちのめしているのです。

あなたの元配偶者はショックを受けているでしょう。共同養育は難しくなり、子どもは親の別居になかなかなじめないかもしれません。元配偶者は、子どものことを考えないあなたは、親としてふさわしくないと思うでしょう。あなたの恋人が既に子どもに関わっているならなおさらです。

あなたが新しい恋人と同居しているなら、元配偶者や子どもは、自分たちが無視されたと感じているかもしれません。彼らは、あなたがしたことに対し何もできず、準備も理解もできないまま引きずられたのです。一方であなたは「以前の家族」と「新しい人生」の板挟みになっているかもしれません。純粋な恋愛が、これほどの面倒を引き起こすとは想像しなかったでしょう。

あなたは単に、子どもを早く二つの家に慣れさせようとしたのかもしれません。しかし「子どもは親が決めた変化を簡単に受け入れられない」ということを忘れていませんか。別居は、適切な配慮と慣れる時間がなければうまくいきません。あなたの判断力は脳内ホルモンによって鈍り、愛する人――つまり子ども――が見えなくなっているのです。

子どものために十分な時間とエネルギーを使いましょう。子どもは「親として」あなたを必要としています――「誰かの恋人として」ではありません。短時間で状況が変わると、子どもは「家族を簡単に変えられるなら、自分も取り替えられてしまうの？」と思うでしょう。

親子の時間を持ちましょう。あなたの気持ちも大切ですが、子どもがあなたを頼りにしている間は、子どもの気持ちの方が重要です。子どもが親の別居に慣れるように助けてあげてください。

あなたの新しい恋人には、あなたが子どものために時間を取る必要があることを分かってもらいましょう。それを理解できる人もいれば、できない人もいます。子どもと新しい関係を築いてもらうには、その人が人間的に成熟していることも必要です。

あなたの元配偶者に恋人ができた場合

あなたは予想外の現実から立ち直ろうとしています。元配偶者は、あなたが知らない人と人生を築き、子どもと「家族ごっこ」をしているかもしれません。その不条理に胸が張り裂けそうになりながら、子どもと元配偶者の関係を支えて、現実に意味を見出さなければなりません。

あなたは「自分こそが主たる親で、唯一の親だ」と言いたくなるでしょう。自分こそが子どもの世話をできる親だと考え、子どもを守るために、倫理に反する元配偶者の勝手な行動をやめさせ、罰したいとさえ思うでしょう。それは、あなたが完全に正常である証拠です！

しかし、そこで一度考え直して、共同養育の基本原則を思い出していただきたいのです。

- 自分自身の気持ちを鎮める。
- 関係解消に取り組み、悩みや傷を抱えつつ「親マインド」（第1章参照）を身に付ける。
- 子どものために、元配偶者との間の対立を最小限に抑える。
- 子どもの気持ちを理解し、子どもの未来のためにサポートする。
- 元配偶者に子どもの気持ちを考えてもらう。子どもに関して前向きな協力関係ができていれば、元配偶者は共同養育パートナーとしてあなたの話を聞くようになる。

子どもが恐れるのは両親の別れではありません。親を失うことです。子どもともう一人の親との関係を支えられるのは、あなただけです。

「そんなことはとてもできない」と思うかもしれません。しかし、子どもは動揺しながらも親の考えを見抜きます。「子どもと両方の親との関係を、永遠に大切にしなければならない」との考えを変えてはいけません。あなたが子どもともう一人の親との関係も大事にすれば、その考えに気付いた子どもは安心します。そのようにすることが子どもへの愛情です。

もし、あなたの元配偶者が精神的に不安定になり、親としての責任を忘れて子どもに逆戻りしてしまっているのなら、子どもにとっては冷静なあなただけが頼りです。「時間がたてば元配偶者がかつての愛情深い親に戻る」と信じましょう。それまで子どもを守る方法を考えてください。

元配偶者には時間が、子どもには支えが必要です。あなたが希望を持って子どもを支え、親としてできることをしたということを、子どもは大人になれば分かってくれるでしょう。

●●●

結婚14年目に、ジェフはエイミーに「別の人を好きになった」と打ち明けました。エイミーが茫然とする中、ジェフは家を出ていきましたが、当時8歳と10歳だった子どもは、状況を全く理解できませんでした。そのうちに父親は、新しい恋人と旅行に行ったり、養育時間中に仕事をしたりするようになったので、子どもは不安を訴えるようになりました。

ジェフは家族の深い悲しみに気付きませんでした。髪を伸ばし、服を買い替え、新しい音楽を聴き始めました。彼のSNSには、メキシコのリゾートの写真が投稿されていました。一方でエイミーは、家事をしながらフルタイムで働き、二人の子どもを支えながら今後のことを考えていました。

エイミーは、ジェフと新パートナーの様子に複雑な気持ちになり、捨てられたとも感じました。しかし子どもには「パパはあなたたちのことが大好きだよ。金曜日に会おうね」とか「パパは仕事だから土曜日に会えるよ」などと伝え続けました。

3年後にジェフと恋人は結婚し、子どもが生まれて新しい家族の生活を始めました。しかし、二人の子どもは混乱していました。ジェフの家には他にも、ジェフの妻の連れ子と、ジェフと妻の間にできた子どもがいましたが、関係があまり良くなかったからです。

専門家は、エイミーとジェフの二人の子どもには、父親のジェフと直接関わる時間と安定が必要だと指摘しました。さまざまな努力の結果、2人の子どもは思春期に両親だけでなく継母とも良好な関係を築くことができました。ジェフとその妻も、彼らのことを考え、他の子どもたちとの関係がうまくいくように手助けしました。

●●●

親の新パートナーを家族に迎え入れるのは、子どもにとっては重大なことです。それにより、子どもは両親がもう復縁することはないことを悟るからです。新パートナーは、家族に新たな可能性と活気をもたらしますが、その影響は予想以上に大きいものです。

恋人の紹介を軽々しく考えないようにしましょう。しかしその人が健全で愛情深い人なら、子どもの将来への前向きな一歩になるかもしれません。

新しい人を家族に受け入れる際は、以下の事項を確認しましょう。

・子どもは両方の親との関係ができていれば、新しい人に脅威を感じにくくなります。
・二つの家でのスケジュールが安定すると、子どもは新しい人を迎えやすくなります。
・初期の悲しみを乗り越えると、子どもは新しい人に心を開きやすくなります。
・子どもは、両親が復縁することはなく、これからはずっと二つの家がある家族であることを理解すると、新しい大人を嫌がらなくなります。

家族に新パートナーが加わると、親子関係への影響は避けられません。そしてどのような変化にも、一定のストレスや不安はつきものです。しかし反発や心配だけでなく、好奇心や希望もあるでしょう。これまでの子どもの成長を思い出せば、子どもには変化に対応できる柔軟性があることが分かるはずです。そう考えて、彼らをサポートしてください。

子どもの「幼児返り」や攻撃的な行動、拒絶は、子どもの気持ちが不安定であることを示します。新しい恋人の紹介方法や関わり方を調整しましょう。あなたは親として、家族みんなのことを考えなくてはいけません。問題が発生したら不満に耳を傾け、一緒に解決し、新パートナーと子どもが一歩ずつ関係を築くのを辛抱強く待ってあげてください。

新しい大人は、状況が落ち着けば、子どもに歓迎されることがあります。子どもは、家に人が増えてにぎやかになってほしいとも思っています。別居時に「もう家族は一緒に住めないんだ」と寂しがっていた子どもは、大家族の雰囲気に救われます。

ジェニー（12歳）：「なんだか静かになったなって思う。前はうるさかったのに。みんなが同じ家にいてお互い邪魔をしていたのは、その時は嫌だったけど、今は懐かしい。アマンダとその子たちが来てくれる方が、することが増えるからいいわ」

●●●

子どもとあなたの新パートナーが関係をつくる上で、あなたの元配偶者の役割は重要です。「大人が再婚するのはよくあることだ」と子どもに分かってもらうよう、両親からメッセージを伝えましょう。両方の親が子どもと新パートナーとの関係を認めれば、子どもは何かの弾みに親を怒らせてしまうのではないかと心配せずに済みます。親が他方の親の新パートナーについて不安を口にしたり、子どもに反抗させようとしたりすると、子どもは板挟みになります。

元配偶者に敬意を持って、一緒に対応を考えましょう。あなたの恋愛関係は、元配偶者には直接関係ないことかもしれませんが、新パートナーの存在をどのように元配偶者に伝えるかはよく考えましょう。元配偶者があなたの判断を信頼すれば、一緒に子どもを支えてくれます。

あなたは元配偶者の新パートナーに会うべきでしょうか？会うかどうかはあなた次第です。以下のような時に会ってもよいかもしれません。
・元配偶者の新パートナーが子どものイベントに出席する予定があり、あなたが新パートナーに興味を持っており、好意的である場合。
・元配偶者が、新パートナーに短時間の子守をしてもらおうとしている場合。
・元配偶者が養育当番の時間中に、その新パートナーが元配偶者の家に泊まる場合。
・元配偶者が新パートナーと婚約、結婚、同棲をしている場合。
更に詳しく知りたい場合は、付録「新パートナーの受け入れ」を参照してください。

新パートナーを家に泊めるには

子どもがいる家に親以外の大人が泊まると、他方の親が心配して問題になりやすいです。さらに厄介なのは、両親が別居した直後に、一方の親が新パートナーと同居を始めた場合で、これは家族全員の気持ちや養育スケジュールに影響します。ただ厳密には、裁判所の定めや、子どもが危険にさらされているといった事情がない限り、他方の親の家で決まったことには口を出せません。安全上の心配がある場合は、弁護士に相談しましょう。

法的な問題はさておき、大人を自分の家に泊める際には、他方の親の意見も尊重して慎重に事を進めましょう。子どもにとって、新パートナーが自分の親と寝るのは普通ではありません。子どもが一定年齢になると戸惑いや不安を感じ、10代になるとあからさまに嫌がります。関係を築きながら、時間をかけて同居を進める必要があります。以下のことに気を付けてください。

・子どもの道徳観がどの程度発達しているかを考える。
・新パートナーと適切に関係を構築する。
・感情面と性的な面での安全を確保する。

再婚の75％は長続きしない

親の新パートナーがあまりに早く「親」のようになり、子どもの世話をする（お風呂に入れる、身支度させる、寝かしつける）と、問題が起きます。他方の親が競争心や疎外感を感じて、子どもを新パートナーから守ろうとするのです。

もちろん、新パートナーは善意で、あるいは楽しんで世話しているのかもしれません。世話好きをアピールすることもあるでしょう。ただその熱意は、親以外の人が育児をする時の注意点を勉強した後に発揮してもらいましょう。次のことを意識すればスムーズに移行ができます。

・十分な時間がたって子どもが安心し、新パートナーがいる親やその子どもの状況を他方の親が確認するまで、新パートナーには子どもの世話をさせないようにする。
・新パートナーは、親が子どもの世話をする様子を数カ月間観察して、子どもの好みや一日の過ごし方などについて学ぶ。その上で、いつから親の役割をするのか判断する。

・新パートナーがいる親は、新パートナーと一緒に、ステップペアレントとして何をすべきかを学ぶ。新パートナーが親の役割を果たすには、知識や能力だけでなく、日々の子育ての苦労を共にして初めて分かる家族の文化や価値観、子育てスタイルを体験して学ぶことが必要。

●●●

リズは困っていました。彼女の元夫クリスとリズの新パートナーのカールは、6歳のマディのことになると、けんかになりました。対立の一方にはクリスが、他方にはリズとカールがいました。その真ん中にいたのは誰でしょうか？　リズとクリスは、娘を大人の対立から守る必要があると思いました。

共同養育コーチの助言で、リズとクリスは、マディに関することは自分たちが責任を持って決めなければならないことを再確認し、二人で決めたことを、それぞれの家で実行することにしました。リズの新パートナーのカールは、意見は言えますが決定権はありません。

最初はうまくいきませんでした。カールは自分が蚊帳の外に置かれたと感じ、リズとの関係まで悪くなりかけました。しかしその後共同養育コーチングを受けたカールは、なぜ自分がそのような立場に置かれたのかが分かり、納得しました。

数カ月後、自分に決定権があることに安心したクリスとリズは、カールの意見を聞くようになりました。リズは親として自信がつき、カールも、リズに親としての主導権を与えて負担が軽くなりました。カールは、リズとクリスの共同養育を信頼し、リズの育児をサポートするのが自分の役割だと考えるようになりました。

● ● ●

新パートナーが加わって問題が起きると、家族関係が不安定になります。子どもは、大人たちが争っている家を往復することになるので落ち着きません。これを乗り越えるには、必要に応じて共同養育コーチ、ステップペアレントカウンセラー、その他専門家に相談してください。

新しい恋に夢中になった親が、幸せな家庭を早く取り戻そうと焦ると、いずれ失望し、最終的には破局を迎えます。

統計によれば、子連れ再婚の75％は長続きしません。問題に対処できなければ、親同士の対立、誤解、失望、家族の衝突に悩まされます。

多くの再婚家庭が長続きしないという事実は知っておきましょう。再婚するのなら、必要なサポートを受ける方がいいでしょう。新しい関係を築く前に、前の関係の問題を解消しておきましょう。その上で、子どもを含めたみんなのために、長く続く愛情ある家庭をつくりましょう。

新パートナーを見つけて上手に迎え入れれば、子どもに喜びや愛、そして大家族の感覚を与えられます。別れを経験した大人が再び他の誰かと恋愛を始めることは、自然で健全なことです。問題を解消した上で再婚すれば、子どもにとって家族の支援と愛が増えることにもなります。

あなたの元配偶者に新パートナーができた場合は、悲しみを乗り越える努力をして、新しい大人が子どもの生活に入ってくることを受け入れましょう。あなたに新パートナーができたのなら、元配偶者の気持ちを尊重し、できることをしてあげましょう。

子どものイベントでデート

時々、子どものイベントをデートの場だと勘違いする人がいます。これは親にとっても子どもにとっても良くありません。子どものイベントは愛情表現する場ではありません。自分たちの関係にスポットライトを当てる場でもありません。そのことを、新パートナーにも分かってもらいましょう。新パートナーは、イベントの場では次のように振る舞うようにしましょう。

- 目立たずに、自信を持ちつつ、親のサポート役に徹する。
- 子どもとその活動に集中する。
- 他方の親も出席している場合は、心温かく敬意を持って接する。
- 他の子どもには、丁寧に接し、なれなれしくしない。

これらは、新パートナーが家族と適切なペースで関係をつくっていくために必要です。うまくいけば時間とともに緊張が解け、家族に受け入れられて歓迎されるようになるでしょう。

第10章のまとめ

・別居に慣れるためには段階があるように、新しい恋人との関係にも段階があります。
・恋に落ちた時の脳内ホルモンの働きを知り、子どもを巻き込まないようにしましょう。新しい恋人の子どもへの紹介には時間をかけ、家族の気持ちを消耗させないようにしましょう。
・恋人を子どもに紹介すると、家族関係が不安定になることがあります。子どもには慣れるための時間が必要です。
・子どもが新しい大人にどう反応するかを考え、子どもが順応できるよう計画しましょう。
・あなたの元配偶者は、あなたの新しい交際を左右します。元配偶者との共同養育関係が良好なら、元配偶者は子どもと一緒に、あなたの新しい交際をサポートしやすくなります。
・新パートナーは親の代わりではありません。あなたの新パートナーには子どもの世話を当面控えてもらい、養育時間中はあなたが子どもの世話をするようにしましょう。
・特に最初のうちは、新パートナーは子どもが参加するイベントでは目立たないようにしましょう。常に子どもが優先であることを意識し、デートは後回しにしてください。

第11章　多様性

「残念な元配偶者」への対応策

「成熟とは、解決できない問題を抱えながら生きていく能力である」

——アン・ラモット（米国の小説家）

共同養育に関して、元配偶者に協力してもらっている人もいれば、「どうすれば協力してくれるのだろう?」と悩んでいる人もいるでしょう。

共同養育は、好むと好まざるとにかかわらず、子どもがいる限りは続く唯一無二の関係ですが、さまざまな形があり、時間がたつにつれて変わります。その際にコントロールできるのは、自分だけです。

別れながら協力する「平行養育」

両親は別居すると、（1）一つの家での子育てをやめる、（2）共同養育関係を始める、という二つの逆のことを、同時にしなくてはいけません。

また子どもと離れる時間ができるため、何をするにしても他方の親と協力しつつ、子どもの生活を二つの家で一体的に運営しなくてはいけません。しかも、それを激しく対立している人としなければならないのです。最初のうちはうまくいかないこともよくあります。

別居後しばらくの間は、お互いに距離を置いて気持ちを落ち着けた方が、対立や権力争いが減り、共同養育のルールやスケジュールを守りやすくなります。

筆者が住んでいるシアトルには、西側のシアトル市街とそのイーストサイドとの間に、長く美しい湖があります。5号線は湖の西側を北上し、405号線は湖の東側を平行に走っています。

筆者は、別居したばかりのクライアントによくこう言います。「一人は5号線を、もう一人は405号線を運転してください」。このたとえは、両親はそれぞれに自立して生活しつつ、その間の湖で相手と距離を取り、自分を守ってほしいという意味です。

「それは素晴らしい。でも子どもはどうなるのですか？」と思うかもしれません。ワシントン湖には、90号線と５２０号線の２つの橋が架かっています。筆者は両親に「平行して走りながら、共同養育のために橋を利用しましょう」と伝えています。

ちなみに、５号線は湖の北側で４０５号線と合流します。このように、一度両親が距離を取れば、その後合流して共同養育の関係もつくりやすくなるのです。

では、両親の共同養育関係の成否が何によって決まるのかを考えてみましょう。

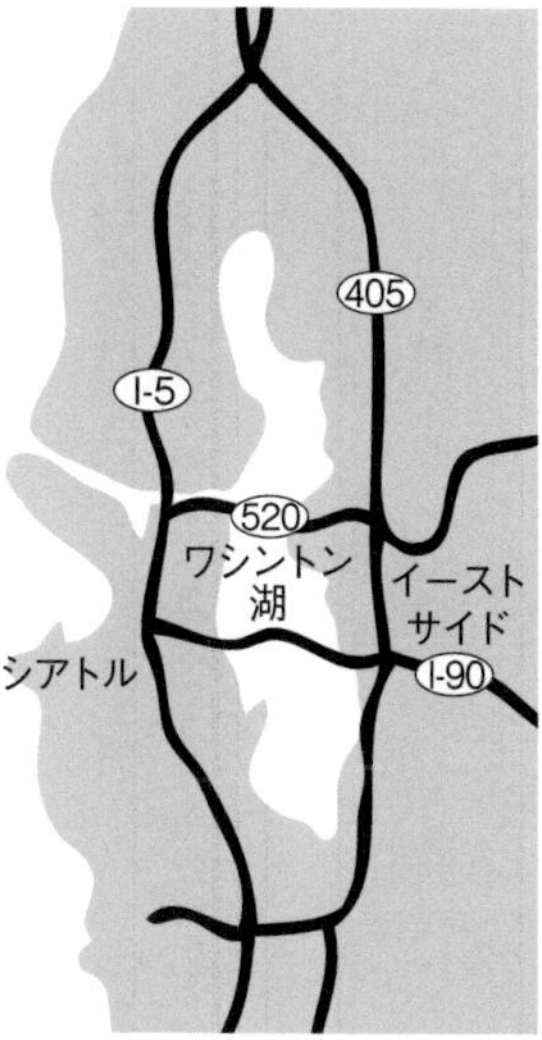

別居への慣れ：あなたはどのくらい別居への心構えができている（あるいはできていた）でしょうか？　あなたは元々回復力がある人ですか、それとも変化やリスクは避けたい人ですか？

心の傷、怒りの度合い：あなたは、元配偶者の声を聞いたり、その姿を見たりするのが嫌ですか？　元配偶者の言動にイライラしますか？　イライラの程度は軽度（時々）、中程度（冷静になる努力が必要）、深刻（感情を抑えられない）のどれですか？

別居のプロセス：別居はどのくらい難しかったでしょうか？　裁判で両親の関係が著しく悪化しましたか？　それとも調停で協力し、満足のいく結果になったのでしょうか？

家族／友人の経験：家族や親しい友人で別居経

験者がいる場合は、その人たちの考えに影響されがちです。彼らは前向きに共同養育をしていますか？　それとも元配偶者と対立していますか？

個人的な感情や信念：あなたは、争いを解決しようとするタイプですか？　子どもを優先することはできますか？　相手を受け入れられますか？　許せますか？　自分の考えにこだわる傾向がありますか？　恥や失敗を恐れる方ですか？

コーチングなどの活用：あなたと元配偶者は、共同養育パートナーとして一緒に誰かに助けを求めたり、本を読んだり、コーチングを受けたり、学んだりして解決するつもりはありますか？　子どものために、自分一人でも学ぼうという気持ちはありますか？

以上の要素や、その後の状況の変化により、共同養育の成否が決まります。通常、両親は何らかの形で共同養育をすることにはなりますが、それがどれだけ密で建設的なものかは両親次第です。あなたがどれだけ前向きでも、相手が応じなければどうすることもできないのです。

共同養育の質が相手次第というのは残念なことです。しかし、時間がたてば元配偶者の態度が変わることがあります。元配偶者に新パートナーができたり、仕事で昇進したりすると、傷ついた心や自信、アイデンティティーが回復し、協力的になることがあるのです。あなたは自分の役割を果たしながら、時間が相手を変えてくれるのを待ちましょう。

うまくいけば、あなたと元配偶者は、二つの家がある子どものために協力できるようになるでしょう。新しい子どもも加わり、皆に感謝したくなるかもしれません。あなたと元配偶者は、共同養育パートナーとしてお互いを尊重しつつ、子どものために意思決定をします。また、経済的な責任を果たし、子どものイベントを共に祝えるようにもなります。子どもは二つの家に慣れて、人間関係や愛情、家族について多くのことを学びます。一つの家では経験できなかった責任感や適応力を身に付けるのです。

なお、両親による共同養育は重要ですが、それが全てというわけではありません。子どもは、あなたとその共同養育パートナーだけでなく、その他の大人たちも含めた人間関係の中で成長するのです。子育てに関わる全ての人たちに感謝しましょう。

●●●

マルシーの両親が別居を決めたのは、彼女が中学生になるころでした。母親は家を出て別の家に住み始めました。そして毎朝家に来て、マルシーと彼女の妹を学校に送り届け、放課後に迎えに来ていましたが、すぐにうまくいかなくなりました。両親の対立が激化し、マルシーは恐怖と苦痛で家にいられなくなったのです。

幸いなことに、マルシーは先生に支えてもらうことができました。フランクリン先生は、マルシーが賢くて問題に対処できる子どもだと言ってくれました。嵐の中にいたマルシーを、先生が助けてくれたのです。

●●●

元配偶者との関係が突然良くなる時

元配偶者に起きた出来事によって、二つの家がある家族のバランスが崩れることがあります。またそれをきっかけに、共同養育が機能しなくなるかもしれません。しかし、諦めないでください。変化やピンチは、関係改善のきっかけになることもあります。

例えば親は、失業や交通事故、虫垂炎手術、依存症、双極性障害など、さまざまな深刻な問題に直面します。しかしこのような時、家族は対立を一時棚上げして、変化や危機に対応するために協力しようとします。そのため、問題が解決した後は平穏な生活に戻ることが多いのです。

そして共同養育によって育つ子どもは、このように問題に対処する親たちが、柔軟に、前向きに協力する様子を目にすることになります。

●●●

リディアは乳房にしこりを見つけました。パートナーのマークには話しましたが、子どもや元配偶者には言いませんでした。診断の結果、乳房切除と4カ月の化学療法が必要だと分かり、元配偶者のカムにも伝えることにしました。

リディアはカムと相談し、子どもには一緒に「ママの治療の間、パパがしっかり支える」ことを伝えることにしました。またカムは「マークとの対立は過去のことだから、マークとも協力すると子どもに伝えたい」と言って、マークとの話し合いも提案しました。リディアの手術と化学療法は順調に進みました。彼女は、マークとカムがサポートしてくれたので治療に専念できました。そして、マークとカムはお互いに敬意を抱き、子どものために協力するようになりました。

●●●

親に起きた良い出来事も、共同養育関係に影響します。良いことが起こると、心を開いて共同養育に協力しやすくなるのです。また親は別居後に生活を再建し、自分の将来や元配偶者のことを考える余裕ができると、変化に対処できるようになります。新しい恋愛も、その恋人がどんな人かにもよりますが、より建設的な共同養育関係をつくる機会になります。

●●●

調停の後、4歳の息子ブライトンをめぐるグウェンとジェシーの共同養育はうまくいきませんでした。グウェンには新しい恋人ができましたが、ジェシーは共同養育に必要最小限のことしか連絡しませんでした。彼らの関係はまさに「憎悪」でした。

グウェンは、ジェシーの態度にどう対応するかについて、コーチングを受けていました。もう一度調停をして強制的に共同養育をしてもらうか、自分で冷静に対処して状況を悪化させないようにするかで悩んでいました。

その後グウェンは、ブライトンが「パパにはリサっていう特別な友達がいるんだ!」と言うのを聞いて、ジェシーが誰かと交際を始めたことを知りました。するとコーチの予想通り、ジェシーは過去のわだかまりを捨てて、良い父親に変わっていきました。グウェンと連絡を取り始め、スケジュール調整や子どもの検診に協力するようになりました。

●●●

あなたとあなたの共同養育パートナーとの関係を円滑にするには、

・自分自身が成長を続ける
・相手と一定の距離を保つ
・相手に敬意を持って誠実に対応する
・前向きに明るい未来を築くために必要な力を養う

ということが重要です。

両親が以上の点に気を付ければ、共同養育関係は必ずうまくいくことでしょう。元配偶者が子どもにとって良い方向に変わってくれることを信じて待ちましょう。

「8対2ルール」で違いを乗り越える

共同養育を成功させるために、両親は、共同養育ビジネスの経営責任者と財務責任者になる能力を身に付けましょう。

本書では、共同養育に必要な能力について説明してきました。一度復習しておきましょう。

会社の立ち上げ時とは違い、親はストレスがかかる状況で「共同養育事業」を始めることになります。いつもならできることができないかもしれません。しかし多くの親は、夫婦から共同養育パートナーになると同時に、必要な能力を身に付けます。以下のリストは、その際の指針です。

尊重する：両親の間の連絡は、お互いに敬意を持って行います。相手を尊敬できないこともあるかもしれませんが、お互いに子どもの親としての役割を尊重し、常に礼儀正しくしましょう。

違いを受け入れる：「8対2ルール」に従えば、二つの家の違いを乗り越えられます。これは「違いの8割は気にせず、子どもの幸せに重大な影響を与える2割だけに注意する」というルールです。もしも重大な影響がないのなら、違いを気にする必要はありません。判断に迷ったら、信頼できるアドバイザーや小児科医などに相談しましょう。

距離を保つ：二人のパートナー関係が終わった以上、お互いの生活は別々ですから、適切な距離を保ちましょう。共同養育パートナーの生活に立ち入る権利はありません。

誠実になる：相手から信頼を得るには、有言実行が必要です。合意内容やスケジュール、金銭的な取り決めを誠実に守りましょう。

子ども中心に考える：共同養育では、常に子どもを中心に考えて、子どもの生活、活動、成長・発達、そして幸福を意識しましょう。共同養育パートナーの育児の方法やプライベートに注目しても子どものためになりません。あなたの意見に興味がない相手に助言しても仕方ありません。

上手に話す：「相手の話をよく聞く」ことと「自分が言ったことに責任を持つ」ことが大事です。そうすれば、相手を非難したり、相手に言い訳したりせずに済みます。

情報を知らせる：両親間のやりとりには練習も必要です。共同養育では、伝える情報の質が重要だからです。養育当番の交代時には、メールなどで必要な情報を送って相手を助けましょう。

挑発に乗らない：対立を避け、冷静に対応しましょう。相手の挑発に乗ると火が大きくなるだけなので、我慢して上手に対応しましょう。自分が前向きに行動しながら良い兆しを待てば、そのうち光が見えてきます。すると人は、光の方向に成長していくものです。

楽観する：明るい未来を築くというあなたの信念が、明るい未来をもたらします。楽観とは、大変な時により良い明日を信じる魂の力です。学ぶべきことを学び、必要な方法を身に付けて問題を乗り越える日々の積み重ねが、より良い未来をつくるのです。

行動する：どんなに前向きな姿勢や対話の能力、強い精神力があっても、行動しなければ意味がありません。共同養育のために両親が実際に行動することにより、子どもは幸せになります。

あなたの共同養育パートナーはどのタイプ?

時間がたつにつれて、共同養育関係は変わります。人や人間関係は、氷河のように固まっているように見えることもありますが、いずれ変化し成長することを忘れないでください。

共同養育では、共同養育パートナーの資質も大きく影響します。そのタイプとそれぞれの課題について説明しましょう。

「一匹狼」型:このタイプの親はルールに従うのが苦手で、自己決定を重視します。悪気はないのですが、他方の共同養育パートナーに干渉されるのが嫌で、ただ自分がなりたい親になりたいのです。結婚した時からそのような人だったはずです。このタイプの親の課題は、以下の点です。

・コミュニケーションが極めて少なく、連携が取りづらい。
・返事が遅く、共同での意思決定が難しい。一方的な決定をすることがある。
・子どもとの過ごし方について要望を伝えても、内容が気に入らないと無視される。宿題、食事、運動などについて話し合おうとしても返事がない。

「ルール順守」型:このタイプの親は、共同養育パートナーと距離を置こうとしますが、敵対心はありません。自分の心のバランスを保つためにそうしているのです。共同養育計画書など書面での取り決めは、交渉事を減らすのに役立ちます。このタイプの親の課題は、以下の点です。

・柔軟性が乏しく、子育てや生活上の喜びや困難の感情を共有しづらい。
・二つの家の間に、高い壁があるように感じられる。
・かつては協調していた相手を失った寂しさを感じさせられる。

> ルールを厳守することは、敵対的な共同養育パートナーに対処する場合に役立つ戦略です。自分からルールを守り、ルールを曲げることには応じないでいると、そのうち、相手は従わざるを得なくなります。

「ファイター」型：このタイプの親は、どんな提案をしても反対されるだけです。その目的は相手を怒らせて要求を阻止することだからです。ハリセンボンと共同養育をするのだと思ってください。触らなければ無害ですが、関わると刺されます。子どもも巻き込まれます。例えば、子どもが遠足で畑に行く時に長靴を提案すると「準備はこっちでできる」と反発し、普段の靴で子どもを畑に行かせて泥だらけにしてしまいます。このタイプの親の課題は、以下の点です。

・二人で子どものために協力するという大切な価値観を、当面は諦めなくてはならない。
・相手から敵意を向けられ攻撃されても、反撃せずに耐えなくてはいけない。
・相手を変えることはできないので、当面は相手が求める自由や裁量を与えるしかない。

ファイター型の親は傷ついて怒っており、ビジネスパートナーのような関係になるのは難しい状態です。考えを改めてほしいと思って努力しても効果はなく、時間が解決するのを待つしかありません。ですから、このタイプの親と共同養育をする親は、共同養育のゴールに向けて、自分ができることを続けていればいいとも言えます。

「良き隣人」型：このタイプの親は、共同養育パートナーとの間に一定の距離があり、関わり方が適度です。夫婦としてはうまくいかなくても、子どものためには協力できる良き隣人であり、他方の親が応じられれば共同養育はうまくいくでしょう。ただし、次のような課題があります。

- お互いが求める距離感が異なる場合は、共同養育が難しくなる。
- 一定の距離を取ることによって衝突や交渉は減るが、形式張った関係に慣れる必要がある。

「曲者」型：このタイプの親は、積極的に共同養育に関わり、意思決定にも参加しますが、急に子どもに会いたがったり、子どもと休暇を過ごそうとしたりします。感情的で予測不能な面があり、他方の親からプライベートを尊重してほしいと言われると、「どうしたの？ 子どもを待つ間、コーヒーを飲むためにあなたの家に入っただけなのに、引き出しを荒らされたみたいな顔をして」と不思議がります。当然、他方の親はイライラしますが、そのことに「曲者」は気付きません。このタイプの親に対処する時の課題は、以下の点です。

- 二人の間に一定の距離を取るためのラインを設定し、「ライン越え」を注意する必要がある。
- 相手の行動について、相手を悪者にしないように子どもに説明しなければならない。
- 相手がライン越えに子どもを利用したら、子どもの気持ちを犠牲にしてでも断る必要がある。

「模範」型：子どもを中心に考えて両親の板挟みにはせず、自分の感情を抑えられる成熟した親です。このタイプの親は、子どものために十分なコミュニケーションを取ります。他方の親と一定の距離を保ちつつ信頼関係は築いており、柔軟に楽観的に人生を歩んでいきます。課題はありません。理想的な共同養育パートナーです。

「紙のテロリスト」型：非常に難しいパターンを最後に取り上げます。裁判所の関与が必要になるタイプです。「紙」とは、膨大な裁判所の書類のこと。このタイプの親は過去に執着し、執拗な方法で関係を築こうとします。元配偶者を傷つけ、混乱させようとし、脅したり欺いたりするので、元配偶者は、自分の安全や子どもとの関係を守るために対抗せざるを得ません。

またこのタイプはルールを守らず、ルール自体についてもさらに争おうとします。すると他方の親は関わらざるを得ず、弁護士や裁判所を通じたやりとりにより、さらなる対立が生じ、共同養育がうまくいきません。このタイプの親は、自尊心の深い傷に苦しんでいて、自分が正しいことを証明して自尊心を取り戻そうとしています。また元配偶者が罰せられるべきだと考え、自分が受けた仕打ちに正義が下されるまで納得しません。このような相手には、次の対応をしてください。

- できる限りルールを尊重してそれに従う。
- 信頼できる助言者に頼り、相談する。
- 最大限の努力を尽くして子どもを守る。
- 嵐を乗り越えるための精神的サポートを受ける。

子どもの虐待が疑われたら

子どもの安全に不安があるなら、すぐ行動してください。身体的・性的虐待、暴力、ネグレクト（育児放棄）は、すぐに警察や児童相談所に報告します。共同養育パートナーやその新パートナーに懸念がある場合は調査が必要です。ただ過剰反応しないためには、どうすればよいでしょうか？

子どもが危険にさらされているかどうかが不確かな場合は、専門家に相談するのが、必要かつ重要なステップです。

- 小児科医は、現状を評価し、次のステップを助言してくれる優れた相談相手です。
- 弁護士も、さらなる調査と介入が必要かどうかを判断する際の重要な相談相手です。
- メンタルヘルスの専門家は、あなたの心配がより積極的に介入しなければならない内容のものかどうかを見極める手助けをしてくれますし、他の方法も助言してくれます。

親が心の病気になった

親が精神疾患や依存症、服役などの問題に直面している場合には、他方の親が子どもの年齢に応じた適切な説明をする必要があります。その場合は、サポートが必要かもしれません。

児童心理専門家、共同養育コーチ、カウンセラー、家族療法士などの専門家は、子どもに説明をする方法をサポートしてくれます。そうすれば子どもは、複雑な大人の問題を理解し、困難を抱える親への尊敬を失わずに関係を続けて、安心することができます。

元配偶者が協力してくれなかったら

「神よ、変えられないものを受け入れる平静さと、変えるべきものを変える勇気、そして、その二つを見分ける知恵を与えてください」

——ラインホルド・ニーバー（米国の神学者）

共同養育コーチに相談に来る親の多くは、元配偶者と対立しています。両方の親が相談に来れば、確実に成果が出るでしょう。しかし「馬を水場に連れていくことはできるが、水を飲ませることはできない」という格言の通り、相手にその気がなければ、相手を変えることはできません。

コーチがあなたの前向きな要望を相手に説明して説得すれば、相手はそれを受け入れるかもしれません。裁判所が共同養育コーチの利用を義務付けることもあります。しかし、最終的には相手の意向次第という点ではコーチや調停人などの専門家も同じです。これは厳しい現実です。

そこで以下この章では、共同養育パートナーが協力してくれなくても、あなたと子どもが今後、前向きな毎日を過ごすための実践的なアドバイスを、いくつかご紹介したいと思います。

子どもの視点が親を救う

共同養育パートナーとの関係がうまくいかないと、そのことで頭がいっぱいになり、子どもと一緒にいる養育当番の時間も楽しくなくなってしまいます。そんな時は、目を閉じて深呼吸をし、今の生活——つまりこの瞬間——を、子どもの目線で見てみてください。

・あなたと一緒にいる間、子どもは何を必要とし、期待しているでしょうか?
・子どもは今、何に関心がありますか? 何を知りたがっているでしょうか?
・どうしたら今すぐに子どもを助けることができますか?

「公平か不公平か」という考えはいったん忘れて、今、親としてすべきことを考えましょう。

レッテル貼りの誘惑

あなたは共同養育パートナーの行動に怒り、悲しんでいるかもしれません。そして相手が子どものために行動するように願いつつ、批判しているうちに、相手を「自己愛性人格障害、高紛争パーソナリティー、未成熟、中年の危機」などと呼びたくなるかもしれません。

しかし、相手に精神的な問題があるかのようなレッテル貼りをしても、何の役にも立ちません。相手の悪い面しか見えなくなり、相手の変化を見落としてしまうからです。普段は理性的な人も、別居のストレスを受ければ問題がある人に見えてしまうものです。そういう人は、時間がたてば良い人間関係を持てるようになる人です。

つまり、あなたが相手を理解して寛容になれば、関係性が変わるということです。あなたが共同養育の扉を開いていれば、相手が入ってくるかもしれません。オープンな心でいれば、相手の良い変化に気付きます。そして、そのようなあなたの期待を感じ取る子どもも、期待を持ち続けられます。これはただの希望的観測ではありません。「人は時とともに成長する」という現実です。そしてそれは、子どもにとっても貴重な教訓になります。

●●●

タミーが元夫のダンを一言で表すとしたら、それは「身勝手」でした。「家族を捨てて出ていき、好きなように自分の人生を送ることしか考えていない。セラピストは、『ダンは自己愛性人格障害だろう』と言っていたわ」

ダンが出張のために養育時間の変更を頼んできた時、タミーの中で、ダンが仕事優先だったかつての孤独な結婚生活の記憶がよみがえりました。すると、ダンから子どもと過ごす時間を求められても、彼がタミーと子どもを自分の都合のいいように扱っているとしか感じられませんでした。また、ダンから「子どもの活動に関する決定に参加させてほしい」と頼まれると、干渉的で偉そうだと感じました。

その後共同養育コーチの助けを借りて、タミーは過去の結婚生活と、今の状況を切り離せるようになりました。そしてダンが仕事に没頭していたのは、子どもや自分を拒否していたわけではないことが分かると、子どもと積極的に関わろうとするダンの努力を感じるようになりました。実際に子どもも、父親との時間を楽しんでいたので、タミーは、子どもが父親と一緒に冒険をした後に安全な環境を用意するのが自分の役割であると考えるようになりました。そして、子どもには両方の親との関わりが必要であるということも分かるようになりました。

●●●

誤解を避けるための方法

あなたは元配偶者である共同養育パートナーの人となりや、親としての能力をよく分かっているつもりでしょう。しかし、子育てにもそれが当てはまるとは限りません。

例えば、養育スケジュールを守らないからといって、子どもを心配していないとは思わないでください。そうかもしれませんが、性急に決めつけないでほしいのです。人は間違えることがありますし、意図と結果が同じとは限りません。本人に話を聞かなければ、意図は分かりません。

忘れっぽい人はたいてい、ストレスに圧倒されています。あなたや子どもを傷つけたいわけではないのです。結果が伴わなくても、相手を責めずに問題解決のため協力してあげましょう。

意図と結果を切り離して考えれば、一緒に解決策を見つけられます。

●●●

ジェマルは、キーシャが彼の養育時間中に子どもの世話に「介入」することに腹を立てていました。キーシャは彼が養育当番の日にも学校でボランティアをして子どもに関わろうとし、勝手に息子のサッカークラブの練習予定まで入れました。

さらに、子どもの宿題や食べ物について、長いメールを送ってきました。ジェマルは、キーシャが親の座を奪おうとしているのだと感じました。彼は無視することにしました。彼女なしでも育児ができることを示そうとしたのです。するとキーシャはつながりを求めて、連絡の頻度をさらに増やし、ジェマルはますますいら立ちました。

結局、ジェマルとキーシャは共同養育コーチに相談に行きました。そこでジェマルは、キーシャには悪気はなく、単にジェマルの気持ちが分かっていないだけであることを知りました。そして、ジェマルがキーシャに「支配したい病」というレッテルを貼ることをやめ、キーシャが育児に貢献していることを認めると、キーシャも彼の話を聞くようになりました。ジェマルは、共同で意思決定をすることと、養育時間をきちんと分けることを求めました。キーシャも共同養育コーチのサポートを受けて、ジェマルを育児ができる親であると認めるようになりました。

こうしてお互いの理解が深まりました。彼らは、相手の依頼や提案に「はい、賛成します」または「いいえ、結構です」と言う練習をしました。また、キーシャからの連絡は、引き継ぎ時のメールに限定することにしました。ジェマルはそれにタイムリーに返事をして、引き継ぎに必要な情報を送る約束です。そして今後は何かがあっても悪く考える前に、まず相手にその意図を尋ねることにしました。

●●●

「どちらが正しいかは決めなくていい」

あなたとあなたの共同養育パートナーは、子育ての方法でお互いに妥協できないこともあるでしょう。別居後は、原則として両親はある程度自由に子育てができるので、できれば相手との違いを受け入れたいものです。

その場合、子育て方法がなぜ違うのかを、子どもに聞かれるかもしれません。淡々とありのままを説明すればよいのですが、共同養育パートナーを悪く言ってはいけません。「良い／悪い」という価値判断をするのではなく、単なる「違い」だと説明しましょう。子どもにあなたの心の内面を伝える必要はないので、ただ毅然と、愛情を込めて違いを説明すればいいのです。自分は自分が良いと考える方法で子育てを続けながらも、共同養育パートナーへの礼儀は守ってください。

●●●

別居後、レベッカが別の教会に通うと聞いて、ナタリーはがっかりしました。そして子どもの前で、レベッカが子どもを新しい教会に連れていったことを軽蔑する発言をしてしまいました（訳注：元同性婚の設定）。

レベッカは「子どもを板挟みにしないで」「子どもの前で自分を批判しないで」と頼みましたが、ナタリーは応じません。レベッカは傷つき、子どもへの影響も心配しました。ナタリーに反論するために子どもに自分の考えを説明するか、あるいは何も言わずにいるかで迷いましたが、結局は冷静に説明することにしました。「これは私と、もう一人のママとの違いです。どちらかが正しいわけではありません」と。子どもを争いに巻き込まないようにしたのです。

その後、子どもが「ナタリーがレベッカは信仰を捨てたと言っていたよ」と言い出した時にも、レベッカは深呼吸をしてから穏やかに言いました。「私は礼拝の方法を、もう一人のママとは違うやり方に変えたの。あなたは混乱するかもしれないけど、あなたがママと教会に行けるのは良いことだと思うし、私も一緒に行けるとうれしい。どちらが正しいかは決めなくていいの。ただ、どちらの時間も楽しんでほしい。別居したら、時には二つの家で違うこともある。少し面倒でしょうけれど、新しいことを経験できるのも悪いことじゃないわ」と話しました。

子どもはほっとした顔をして「分かった」と言いました。レベッカは、少なくとも自分の前では子どもを親同士の対立から守ることができたのです。ナタリーは同じようにはしてくれないかもしれませんが、レベッカは反論するのを我慢して、寛容な姿勢を保つことができました。

●●●

あなたが共同養育パートナーにひどいことをされたら、自分の気持ちや行動を振り返って、自分にも原因がなかったかを考えてみましょう。共同養育パートナーを必ずしも許す必要はありませんが、関係を良くするためにできることがあるなら、すればよいのです。相手に変わってほしいと思ってイライラすることはあるでしょうが、相手には敬意を持って対応し、挑発に乗らないようにしましょう。そうすれば、子どもとの時間や家庭の雰囲気が楽しくなります。あなたが態度を変えれば、相手もいつかは変わってくれるかもしれません。

●●●

テレンスは、ジェシカがお金の話をするたびに腹が立ち、失ったもの（家、財産、娘テレサとの時間）を思い出しました。彼は生活費を稼ぐために副業もしなければなりませんでした。一方でジェシカは、今は働かなくていい特権――家で娘のテレサと過ごすことができ、働き方を決めるまで1年間猶予があること——を裁判所から与えられていました。テレンスは、自分とジェシカの立場があまりにも違うことにいら立っていたのです。

テレンスは、子どもの学校、習い事、検診などについても、ジェシカと話をしたくはありませんでした。どの話をしても、自分と相手の不公平な立場を思い出してイライラするからです。彼は怒り、落ち込むことに疲れ果てて、友人に頼んでカウンセラーを紹介してもらいました。

テレンスはカウンセラーの助けを借りて過去を断ち切り、今の問題に対処する方法を探し始めました。怒りがこみ上げそうになったら、その引き金を引かないよう注意して、深呼吸をしました。感情が高ぶっても、怒鳴ってしまう前にジェシカとの会話を中断する練習もしました。不公平感は消えませんでしたが、ストレスは軽くなりました。そして前に進まなければ解決できないと気付いたのです。

ジェシカはテレンスの自制心に気付き、彼の意見を尊重するようになりました。テレンスが怒りを抑えるとジェシカも冷静になったので、テレンスは感情をコントロールする努力をしてよかったと思いました。

● ● ●

両親のタイプの違いは「良いこと」

世の中には冒険好き、家に居るのが好き、活発、穏やか……といろいろなタイプの人がいますが、こうしたタイプの違いが両親の間で問題になります。しかも、対立する相手は悪く見えるので、冒険好きの親は「向こう見ず」、慎重派は「過保護」、計画好きは「支配的」、熱心な人は「干渉的」などと言われてしまいます。

あなたの共同養育パートナーが子どもを混乱させたり、傷つけたりするようなら、直接話し合う必要があります。しかしそういうことがないのなら、あなたにはない良い点がないか考えてみてください。そしてその良い点を、あなたから子どもにも伝えてください。相手との違いにイライラすることがあっても、基本的には「ヒョウの斑点は塗りつぶさない」、つまり、その人らしさをそのまま楽しむ（または黙認する）という姿勢を大事にしましょう。

タテ縞模様のヒョウはいませんし、タテ縞に塗り替えても、長続きはしません。ですから、ヒョウ柄を塗り替えようとするよりも、その斑点を受け入れてお互いに相手を尊重し合う方が、意味があります。

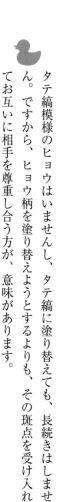

両親のタイプが違うことは、子どもにとっては決して悪いことではありません。子どもが将来どんな人になろうかと考える時に、参考にする材料が増えるからです。

両親は、子どもの自我形成のモデルです。成長すれば、いずれ彼らは両親の違いを受け入れて、からかえるぐらいになるでしょう。その時はこう切り返しましょう。「そうね。ママが静かな場所が好きなのは、前世が洞窟に住むお坊さんだったからかな。パパもそうじゃなくて良かったね！」

●●●

グラシエラは、共同養育パートナーのラウルの子育てにうんざりしていました。ラウルは、養育当番の日にはアルベルトと一緒に遊ぶだけで、宿題も家事もさせず、スケジュールもありませんでした。寝る時間や翌日の予定も考えず、アルベルトを深夜のサッカー観戦に連れていきました。それは別居前と同じでした。

アルベルトが父親と過ごして楽しかった話をするのを聞いて、グラシエラはアルベルトを傷つけると知りつつ、思わずラウルを悪く言ってしまいました。アルベルトはどうすればいいか分からなくなり、グラシエラの前では父親との話をしなくなりました。

一方でグラシエラは、育児を分担してくれる人が欲しいと思っていました。また、子どもを監督するだけではなく、子どもと一緒に楽しめる母親になりたいとも思っていました。しかし、アルベルトが心を閉ざすのを見て、自分のせいで、子どもが楽しい話をできなくなったことに気付きました。彼女は、アルベルトが毎日楽しく過ごすことが自分にとっても大事だと気付き、この状況を変えようと思いました。

グラシエラはアルベルトに、自分が若かった頃、ラウルのサッカーを応援するのが好きだったことを話し、「ラウルがアルベルトを冒険に連れていってくれてとてもうれしい」

と話しました。するとアルベルトに笑顔が戻り始めました。一方でグラシエラは「ラウルの家で少しでも宿題をしてくれたら良いのだけれど」とも付け加えました。両親はアルベルトを大学へ行かせたいと思っていたからです。

グラシエラは、アルベルトに年齢に応じた責任を持たせることにしました。洗濯物を畳むこと、宿題を父親の家でもすること、十分睡眠を取ることなどです。「寝る時間が足りなかったら、パパに言わなきゃ駄目だよ」とも忠告しました。

またグラシエラは「パパはすごいサッカー選手なの。あなたはサッカーを教えてもらった？」とか「パパみたいなユーモアのセンスがあるね」などと言って、さりげなく父親を褒めるようにしました。するとアルベルトは再び父親のことを話すようになりました。逆に父親の前で母親のことを話すことも増えたようです。

宿題の問題はまだ完全に解決していませんが、アルベルトは父親との時間を楽しみつつ、父母の愛情の中で自分を管理できるように成長していくでしょう。

●●●

共同養育パートナーとの関係があまりにも悪いと、これまでにお伝えした戦略ではほとんど効果がないこともあるかもしれません。ただ、あなたは子どもを支える準備ができていますから、いずれ子どもは、もう一人の親との関係についてあなたに助けを求めてくるでしょう。詳しくは、付録「対立する両親の子どもに伝える4つのスキル」を参照してください。

第11章のまとめ

・共同養育関係は時間とともに成熟します。両親は別居時に激しいストレスに見舞われますが、その後少しずつ安定し、両親の関係も新しい生活が始まるとさらに変化します。

・新しいパートナーができるなど、親のどちらかの状況に変化があると、共同養育関係が不安定になることがあります。状況が良くなることも、悪くなることもあります。必要な場合は共同養育コーチなど専門家の力も借りましょう。

・共同養育には一定の技術が必要です。それは一般的な人間関係を良好に保つための方法としても使えますが、共同養育に特有のものもあります。

・共同養育のスタイルはさまざまです。相手の個性を受け入れ、良い面を見つけられれば、あなたと相手との関係が変わり、子どもにストレスがかからなくなります。

・相手が協力してくれなくても、共同養育のために自分ができることをしましょう。

・夫婦の別れを乗り越え、共同養育をすることは子どものためになります。その価値は、どれだけ強調しても強調し過ぎることはありません。何かを決める前には深呼吸をし、これがビジネスだったらどうするか（冷静に、実務的に結果を出すこと）を意識しましょう。元配偶者や子どもと話す方法を練習し、専門家のサポートを受けましょう。

第12章 成長

あなたの家に「笑い」を取り戻そう

あなたはかつての日常とは違う、新しい家族の形を見つけました。二つの家で過ごす子どものために、過去の夫婦関係を共同養育関係に進化させました。子どもも、あなたと一緒に多くのことを学びました。これから子どもが健やかに育つようにするために、何ができるでしょうか?

お金をかけずに毎日を楽しむ

子どもは多くの変化を経験しましたが、その多くは楽しいものではなかったかもしれません。親も、毎日子どもの世話をして、子どもにルールを守らせるだけで精いっぱいだったでしょう。

しかし子どもは、洗濯物を畳んだりするだけでなく、ちょっとした楽しみも求めています。家事を手伝いながら、一緒に楽しむ時間が必要なのです。

楽しい時間は私たちに活力を与えてくれます。苦しい時でも、家族との生活には喜びの瞬間があり、記憶に残る思い出になります。

家族の生活に、笑い声や家族の団結がなくなっていると、子どもは気付くものです。

ナタリー（12歳）：「みんないつも忙しそうで、ストレスを抱えているみたい。昔みたいに笑って楽しみたい。今のままじゃ悲しいわ」

● ● ●

楽しむために、お金や大きなイベントなどは必要ありません。「人の距離を最も縮めるのは笑いである」と言われますが、実際に日常のちょっとした冗談や温かいやりとりによってこそ、私たちの心は最も和らぎ、気持ちも高まるのです。二つの家がある新しい生活が安定してきたら、再び笑いを取り戻すことができるはずです。

食事や寝る前の時間などにお互いのことを話して、家族の絆を確認しましょう。夕食や就寝前のリラックスできる時間を使ってもよいでしょう。ある家族はテーブルを囲んで、その日の良かったことや嫌だったことを話し合っています。他にも、以下のような方法があります。

・子ども向けの質問（楽しいもの、ジョークを含む）を書いた紙を入れた箱を用意し、それを引いて順番に家族のメンバーに質問する。これは、楽しみながらお互いを知るための方法です。

・面白い本を用意して、子どもが寝る前の15分間、読み聞かせる。

・力を合わせて頑張ったことを振り返る。「私たち3人チームで成し遂げた」。

・近所の子どものための宝探しやお祭りを開催し、ゲームや面白い賞品を用意するなどしてみんなで楽しむ。子どもにも楽しいアイデアを出してもらい、近所の人々とのつながりを築く。大事なのは、皆を大切にするということです。

結果を褒める前にするべきこと

子どもの自己肯定感には、親の育て方が影響します。子どもが自分は有能だという自己イメージを持てるようにしてあげましょう。粘り強い努力と、時には失敗も必要です。

親は子どもの失敗の後始末をせず、子どもが失敗から学べるようにしましょう。子どもが諦めたり、他人に任せてしまったりしたら意味がありません。

子どもは自分で困難に立ち向かい、努力が報われると喜びを感じます。結果を褒めるのではなく、子どもの忍耐力や前向きな姿勢を褒めて、成功体験を与えてあげましょう。

子どもの成功には、成績、社交性、運動能力、自分のコントロールなど、さまざまなものがあります。米国建国の父、トーマス・ジェファーソンは「違うものを平等に扱うほどの不平等はない」と言っています。子どもは一人一人がユニークな存在で、時には年齢の枠を超えて成長することも期待されています。子どもが可能性に向かって努力し、達成を感じられることが大切なのです。

子どもに自信を持たせるには、結果ではなく行動に注目しましょう。勉強なら集中する様子（10分間宿題に取り組む、30分間黙読するなど）を見るのです。スポーツなら何点取ったかではなく、フェアプレーで戦う姿を見ます。そうすれば、大げさに褒めたりしなくても、子どもは自然とその方向に成長します。

厳しくするより、励ます方がうまくいきます。毅然とした態度も時には必要ですが、あなたが見ている方向を目指して子どもは成長するのです。子どもの努力、前向きな態度、挑戦や勇気を見て褒めてあげましょう。

しつけと体罰の違い

養育時間中、あなたは二役をこなさなくてはいけません。同じ家に親が二人いる時のように、片方がアメ、他方がムチにはなれないからです。子どもには親の愛情と規律の両方が必要です。もしあなたがどちらかが苦手なら、不得意な方を練習しましょう。

また、別居の罪悪感のせいで、親が愛情と規律のバランスを誤ることもあります。子どもの不適切な行動を許したり、成績の低下を見逃したりして、甘やかしてしまうのです。しかし子どもは、あなたに同情してほしいのではありません。あなたに親として堂々と振る舞ってほしいのです。

ストレスも、子育てがうまくいかない原因になります。自分自身のケアは、子育ての一部だと思ってください。子育てには余裕が必要です。感情的に怒鳴るなど、不適切なことをしてしまった場合はまず子どもに謝り、関係を修復してから元の子育ての方針に戻しましょう。

しつけと体罰を区別できない親も多いようです。しつけとは、良くないことをしたらどうなるかを、親が子どもの年齢に応じて教えることです。

「しつけに体罰は必要だ」という考えは間違いです。子どもは、悪いことをして（例えば道路に飛び出した時ですら）叩かれたり殴られたりすると、ショックで考えることをやめてしまいます。子どもを脅したり、恥をかかせたり、見下したり、無視したりすると、子どもは何も学べないのです。方法が分からなければ、専門家の助けを借りることも考えてください。

愛情と規律は、子育ての二つの重要な要素です。親の愛情があるから、子どもはルールを守る気持ちになり、逆にルールを破った時には居心地が悪くなります。明確なルールがあるから、子どもは安全なのです。子どもの不適切な行動に親がきちんと対処すれば、子どもは親が自分のためにしてくれたのだと分かり安心します。どちらの家でも愛情と規律は必要です。

子どもに任せていい家事

子どもが1人でも5人でも、親が一人で育てるのは大変です。成功の秘訣は、子どもとのチームワークです。チームとして家事に貢献し、協力する経験をさせるのは、子どもにとっても良いことです。ただし、負担とのバランスを取りましょう。以下のことを考えてください。

・子どもはその家事をできるだろうか？　それとも手助けが必要だろうか？
・責任の量は、子どもの年齢にふさわしいだろうか？
・学校や他の大事な活動への参加など、子どもの都合を邪魔しないだろうか？
・チームワークの感覚を支えて強化し、家族に浸透させせられるだろうか？

洗濯、掃除、食事の準備と後片付けや、弟や妹を見守るといった仕事は、子どもの能力を伸ばすのに役立ちます。あなたの共同養育パートナーも協力してくれれば、子どもは、両親が離婚していない子どもよりも家事能力が高くなります。

ただ、子どもには他にもすることがあるのを忘れないでください。友達付き合い、学校行事やスポーツ、自由時間を楽しむことなどです。年齢に応じた家事の目安は、付録「子どもができる家事」を参照してください。

大人の悩みを聞かされた子どもの末路

子どもは賢いので、大人と同じように見えることもあるかもしれませんが、実はまだ成長中の子どもです。子どもが大人の問題を抱え込まないよう、大人の悩みや心配事は聞かせないように心がけて、子どもを守りましょう。年長の子どもから何か聞かれたり、核心を突くようなことを言われたりしても、子どもに悩みを打ち明ける誘惑には負けないでください。

10代の子どもは、苦しむ親の世話をしようとすることがあります。しかし親がそれに甘えると、子どもの発育が妨げられ、将来にわたって問題を引き起こします。見た目や行動が大人びていると、親はつい彼らを大人の問題に巻き込んでしまいがちですが、それによって子どもの感情面での発達や心理的な安全は損なわれます。10代の子どもに次のようなことをさせてはいけません。

・別れの悲しみや不安を抱える親の気持ちを支え、精神的に配偶者の代わりになること。
・親の相談相手となり、もう一人の親のことや、親の新たな恋愛、お金、他の兄弟のことなど、大人の問題を打ち明けられる立場になること。
・大人が責任を持つべき弟や妹の子育て、お金の管理や家事などをさせること。

大人の責任を背負った子どもは、自分がしたいことをするよりも、家族や親の世話をする方が大事だと考えます。すると本来の正常な発達ができなくなり、大人になった時に人間関係に問題が生じることが多いのです。子ども時代に自由に遊べず、そのことに誰にも気付いてもらえないと、後になって自分が利用されたと感じるのです。

自分の夢と親の世話との間で板挟みになった子どもは、自己実現をしたいという自分の気持ちに、罪悪感や恐怖を抱くようになってしまいます。子どもが大人の世界に入ってきそうになったら、それが純粋に親を助けるためだったとしても、そっと子どもの世界へ戻してあげるのが、まっとうな親なのです。

逆境に負けない子どもを育てる7つの要素

（以下の内容は、米国小児科学会の許可を得て掲載します）

フィラデルフィア小児病院の小児科医であるケネス・ギンズバーグ医学博士は、米国小児科学会と共同で『Building Resilience in Children and Teens: Giving Kids Roots and Wings (2010)』（未邦訳）を執筆し、子どもや若者のレジリエンス（困難から回復する力）を育むために必要な要素を特定しました。

同書によれば、それは次の7つの要素です。

① 能力を高める

「能力」によって、物事に対処できる自信が生まれます。子どもの能力を育むには、

・個々の長所を伸ばすようにサポートをする。
・ミスを指摘する際は、具体的な事実に焦点を当てる。
・子どもが自分で決められるようにする。
・子どもを守ろうとするあまり、「あなたには無理」と言わないようにする。
・子どものそれぞれの能力を認め、他の子どもと比較しない。

養育当番の親は、家事や食事の準備、習い事の送迎などで頭がいっぱいです。しかし、自分で宿題をする子どもを褒め、子どもが新しいことを学ぼうとするのを手伝ってあげると、子どもの能力が高まります。子どもの自主性、粘り強さ、自己管理能力を認めて褒めると、子どもは自分に誇りを感じます。また、年齢相応の家事をする機会をつくってその貢献を認めると、子どもは自分が家族というチームの一員だという自信を持ちます。

二つの家の間を移動する時の自分の持ち物についても、（他方の家の親に文句を言わず）子どもに管理をさせれば、責任感が育ちます。親は自分でやった方が早いのですが、子どもの試行錯誤を我

慢強く見守れば、子どもの自分で解決する能力が養われます。

②自信をつけさせる

子どもの自信は、その子どもの能力から生まれます。子どもの自信を育むには、

・それぞれの子どもの良いところを見つけ、子どもにもそれが分かるようにする。
・公平さ、誠実さ、粘り強さ、優しさなどの素晴らしい資質を、具体的に褒める。
・子どもがうまくできたことを認める。
・具体的な内容を正直に褒める。不自然な褒め方をしない。
・子どもにプレッシャーをかけ過ぎない。

何かをするための練習は、あくまで上達のためのものであり、完璧を求めるものではありません。子どもはあくまで成長途中ですから、子どもに期待し過ぎてストレスをかけないようにしましょう。ミスを許し、良いところを伸ばして、子どもが少しずつ自信をつけられるようにしましょう。特に親の別居の直後は、二つの家を行き来する際に親の助けが必要な場合があります。忘れ物をした時は、どうすれば忘れないかを一緒に考えましょう。プレッシャーをかけ過ぎると、子どもの罪悪感や、一つの家の安心を失った不安感をあおってしまいます。子どもが望んだ生活ではないのです

から、慣れるための時間を与えてあげましょう。

③ 他者とのつながりを与える

家族や地域社会とのつながりは安心感を生み出し、子どもが愛情や注目を得るために破壊的な行動をしたりするのを防ぎます。子どもが人とつながりを持つには、

・自宅を、身体的にも精神的にも休める場所にする。
・子どもが本音を言いやすくして、困った時に親に頼れるようにする。
・家族同士の対立に対処して、家族で問題を解決する。
・家族が一緒に過ごすためのスペースをつくる（テレビの前とは限らない）。
・前向きな言葉を掛け合えるような健全な関係をつくる。

共同養育では、子どもがそれぞれの親としっかりした関係を築く必要があります。夫婦がきちんと別れて、互いに相手と子どもとの関係を尊重すれば、家族から緊張感、怒り、ストレスが消えていきます。今は想像しにくいかもしれませんが、両親の新たなパートナーを家族として受け入れる余裕ができれば、子どもは両方の家で安心できます。

子どもは「親に話しても状況が悪くなることはない」と分かれば、言いにくいことでも親に打ち

明けてくれます。両親の間に秘密がなく、子どもがどちらの親にも悩みを話すことができ、両親が責任を持って問題解決に当たれば、二つの家がある子どもは、家族が一つの家に住んでいる子どもと同じように、両親に守られて過ごすことができます。

子どもが話しやすいよう、子どもの話を否定せずに聞いて、その気持ちを理解しましょう。子どもの話を鵜呑みにするのではありません。聞いた話の方向付けをして、子どもの価値観を明確にしてあげるのです。その際に、人との適切な距離の取り方やコミュニケーションの方法、人の感情、他人への共感や敬意を教えましょう。

④ 道徳と価値観を身に付けさせる

子どもに道徳と価値観を身に付けさせて、善悪を判断し、他者への思いやりの心を持てるようにする必要があります。子どもの人格を形成するには、

・自分の行動が他人にどう影響するのかを教える。
・子どもが「自分は思いやりのある人だ」と思えるようにする。
・地域社会の大切さを教える。
・精神面を成長させる。
・人種差別的な発言や憎悪表現、偏見を避ける。

あなたは、子どもの道徳観に最も影響を与える共同養育パートナーの一人です。価値観や人生の目的、コミュニティーに貢献する方法、自分と他人への責任、そして人間関係の大切さなどについて、子どもと話し合いましょう。子どもに伝えるべき大切なことがあるはずです。共同養育パートナーを非難したり、悪い例として引き合いに出したりしないでください。子どもには、両親の長所と短所を自分で見抜く力があります。長所は見習い、短所は反面教師にしてもらいましょう。つながりと人格形成から生まれるのが、充実した人生に必要な「人間関係」「民主主義」「自分らしくある自由」「尊敬」「思いやり」、そして「正直さ」です。子どもにこれらの価値を示し、今後も大事にしていく必要があると教えるのに、あなた以上の人がいるでしょうか？

⑤ 他者に貢献することを教える

子どものおかげで世界がより良い場所になったということに、子ども自身が気付く必要があります。貢献することの重要性が分かれば、目的や、やる気を持てるようになります。子どもに貢献する方法を教えるには、

- 世界には、日々の暮らしが精いっぱいの人がたくさんいることを教える。
- 人を助けることの大切さを伝え、自分も貢献してお手本となる。
- 子どもが貢献できる機会をつくる。

両親が別居すると家計の状況が変わり、子どもはお金の価値や予算の立て方などについて学ぶ機会が増えます。兄弟姉妹間でおもちゃや服を使い回して、持ち物を大切にするようになるかもしれません。そして、他人に親切にすることの大切さも学ぶでしょう。

親切にお金はかかりません。かつて米連邦議会議員を務めたシャーリー・チザム氏は「他人への奉仕は、地球で暮らす人の家賃である」と述べています。子どもとできる奉仕活動は、土曜日の近所の公園でのゴミ拾いから、フードバンクでの食料の仕分けや提供までさまざまです。どんな状況でも、私たちは家族、学校、地域社会、そして世界をより良い場所にするために貢献していることを示しましょう。「つながり」と「貢献」は、車の両輪のような関係です。

⑥ストレスに向き合う方法を教える

子どもにストレスと向き合う方法を教え、今後の人生に備えさせましょう。効果的な対処法は、

- 親自身が前向きなストレス対処法を示す。
- 子どもにもストレス対処法を教える。
- 子どもに「反抗や暴力は駄目」と言うだけでは効果がないことを理解する。
- 子どもは、ストレスから逃れるために危険な行動を取るかもしれないことを知っておく。

・子どもの良くない行動を責めて、恥をかかせたりしないようにする。

別居により、家族全員がストレスや混乱、喪失感、不安感を感じます。あなたは、荒波の中の灯台であり、嵐が迫る時に子どもに頼られる存在です。あなた自身がストレスに対処できていて、将来を楽観していれば、子どもは安心してあなたに頼れます。

愛情や安全、家族のつながりは、困難な状況から子どもを守ります。子どもには、明けない夜はないこと、問題を解決して苦しい気持ちを一緒に乗り越えることを伝えましょう。それが家族であり、チームです。

子どもの危険な行動が心配で、コントロールできない場合は、家族や青少年の支援団体に相談してみてください。これは、両親が力を合わせる絶好の機会です。子どもの行動の裏にある恐怖や怒りに対処するため、家族でのカウンセリングが必要になる場合もあります。

⑦ 結果を決めるのは自分であることを教える

自分の決断により結果が変わることが分かっている子どもは、自分に自信があり、立ち直るのも早いものです。子どもにその力を与えるには、

・人生には偶然はなく、結果のほとんどは自分が選び、行った結果であることを理解させる。

・「しつけとは、子どもを罰したりコントロールしたりすることではなく、子どもが取った行動の結果がどうなるかを教えることである」ことを理解する。

子どもには、自分を信じ、無条件に愛してくれる大人が必要です。子どもは、私たちが期待する通りに、良い方向にも悪い方向にも成長します。子どもが世界を信頼できるようにするには、

・二つの家で、できるだけ一貫性を保つ。
・子どもにとって大切なことについて話し合う。
・子どもの学業や課外活動がスムーズに進むように、協力して問題解決をする。
・親のためではなく、子どものために妥協する。

共同養育に必要な4つの要素（一貫性・コミュニケーション・協力・妥協）は、子どもに大きな影響を与えます。

両親が上手に共同養育をすれば、子どもは落ち着き、すくすくと成長します。家族の感覚は、別居によっていったん壊れますが、共同養育によって取り戻せることを忘れないでください。あなたの子どもへの愛情や関心は、子どもにとっては強力な薬です。過去にこだわらず、子どもが両方の親と愛情のある関係を持てるようにして、安心して気楽に二つの家を行き来できるように

してあげましょう。そうすれば、子どもは両親の別れを乗り越えて、大人になるために必要な忍耐力や機転といった感情的な知性を身に付けることができます。

子どもに「幸せな親」をプレゼントしよう

あなたは幸せですか？　１００％幸せでなくても構いません。まずは自分の気持ちを大切にして、自分のケアをしましょう。ご存じのように子どもは大変鋭くて、あなたを観察しながら状況を確認しています。そして「親は自分で自分のケアができる」と安心できれば、子どもは再び自分の冒険や興味、夢に意識を向けられるのです。

あなたは古い友人に会い、新しい友達をつくってください。自分の人生を楽しんで成功を喜びましょう。物事がうまくいかない時は、自分を責めずにいたわってください。粘り強く新しいことを学び、新しい役割を引き受けながら成長しましょう。あなたが自分の時間を見つけ、生活に喜びと自信を取り戻せば、子どもとその家族みんなが幸せになるでしょう。

第12章のまとめ

・子どもは、楽しみと規律のバランスが取れた環境で成長します。親が時間をかけて子どもにとって良い環境を用意しましょう。

- 笑いや人のつながり、コミュニティーを持つことは、新生活のために大切です。
- ストレス、疲労、罪悪感などは、あなたの育児に影響します。自分のケアが大事です。
- 二つの家がある家族では、チームワークが重要です。お手伝いの方法を教え、子どもが達成感を持てるようにしましょう。子どもの成長のため、遊びや休息の時間も確保しましょう。
- 子どもを大人の問題に関わらせないでください。親が子どものケアをするのであって、その逆ではありません。これが逆転し、子どもが親を支えなければならなくなると、子どもは健全に成長することができません。
- 子どものレジリエンス（困難から回復する力）を育む7つの要素と、共同養育に必要な4つの要素を意識してください。
- まずは親自身が酸素マスクを着けてから、子どもを手伝ってください。親自身が幸せになる道が見つかれば、子どもは親を心配する気持ちから解放されます。

謝辞

この本の完成に関わった全ての方々に、心から感謝します。まずは、私たちが家族、両親、兄弟姉妹から学んだ、人生や愛の原点となる教訓に感謝します。一人一人が、私たちの基盤を築く上で欠かせない役割を果たし、家族関係の複雑さや大切さを教えてくれました。

また、家族法の中心に「家族」を据えるという動きに賛同し、私たちのかけがえのない協力者となってくれた素晴らしい仲間に感謝します。全員のお名前を挙げることはできませんが、ここでは特に最も信頼できる友人や仲間である数名の方を挙げさせていただきます。

ワシントン州でコラボレーティブ法（訳注：訴訟の回避を目指す法的な合意手続き。弁護士が平和解決の動機を持つよう、この手続きに関与した弁護士は、合意できず訴訟に発展した場合には辞任が義務付けられている）を推進し始めた頃から、友人として、また専門家としてこのプロジェクト全体を通して共に歩んでくれたフェリシア・マルスビー・ソレイユ氏。コラボレーティブ離婚の実践を支援する多大な能力を持ち、助言や指導を求める全ての人々に手を差し伸べ、本書のために記事も書いてくださったアン・R・ルーカス氏。シアトル地域のコラボレーティブ離婚の先駆者であるレイチエル・フェルベック氏、ドン・デソニール氏、ホーリー・ホルベイ氏は、熱意、教訓、そして指針を惜しみなく共有してくれました。本書のきめこまやかなレビューや、記事の寄稿など寛大なサポートをいただいたジャスティン・M・セデル氏の知性に触れることができたのは幸運でした。思いやりと賢明さを持ち、常に卓越さと協力の精神を家族法の実践に活用する方法を模索しているマーク・ヴァイス氏。貴重な時間と労力を費やし、本書へのフィードバックをいただいたマーク・グリーンフィールド氏、ナンシー・キャメロン氏、ダイアン・ディィール氏、デニス・ジェイコブ氏、ゲイル・レオンダール・ライト氏。皆さんはかけがえのない「専門家集団」でした。著名な児童心理スペシャリストであり、共同養育コーチでもあるモーリーン・A・コンロイド氏にも、専門家としての知識と、寄稿してくださった記事に感謝します。

職人技の編集で、本書の読書体験をより豊かで楽しいものにしてくれたキャサリン・ベル氏とアレクサンドラ・ヘルセイ氏。ありがとうございます！　出版コーチングをしてくれたドリ・ジョネス・ヤング氏には、ようやく歩き始めた私たちの手をとって導いてもらったような心強さを感じました。ティロトソン〝ティリー〟ゴブル氏は、その動画制作技術で本書に新たな広がりをもたらしてくれました。また、ダグ・マッケイ氏の録音技術とガイダンスのおかげで、オーディオブックを好む人たちも本書を楽しむことができるようになりました。驚くべき芸術的才能を持つキャサリン・キャンベル氏は、初版の本の見事な装丁を担当してくれました。そして改訂版のデザインを担当してくれたトニー・オング氏にも感謝します。

そして最後に、私たちをコーチやガイドとして信頼し、別居後の共同養育をサポートするという大切な任務を託してくれた共同養育パートナーとその子ども全員に、心から感謝します。

付録

養育当番交代時の引き継ぎ事項チェックリスト

養育当番を交代する際の引き継ぎ事項は、共同養育パートナーのために、メールや留守番電話のメッセージによって伝達されます。共同養育パートナーの家庭を管理するためではないということを念頭に置いて、どのような情報が役に立つのかということを考え、指示ではなく、建設的な伝達になるようにしてください。以下の項目について、特に伝えることがない場合でも、「学校は順調、友達関係も良好です」など、簡潔に伝えてください。

＊学校

宿題や特別課題の進捗状況／学校からの連絡事項／始業前と放課後の学童保育／特別なイベント、コンサート、表彰式／部活や習い事などの活動／要望、個別指導など／その他

＊友達・仲間との関係

友達関係の問題点や注意すべき点／友達との遊びやお泊まり会、パーティーへの招待や予定／携帯電話やSNSの使用、テキストメッセージ、交際関係／その他

＊身体の健康

健康診断の予約や変更／その他の医療関連（運動、セラピーなど）／病気の兆候、投薬（処方薬と市販薬の両方）、発熱、発疹／体の不調（腹痛、頭痛など）／食事の変化／その他

＊精神衛生

不安など、精神衛生に関連する懸念事項／睡眠／行動上の問題／その他

＊指導

自己管理と、スケジュールや持ち物の管理／発達障害プログラムと進捗状況／その他

＊生活習慣の変化

習慣の変更／その他

共同養育ビジネスミーティングチェックリスト

効果的に共同養育を行うには、調整と計画が必要です。共同養育パートナー同士は、コミュニケーションの行き違いや対立を減らすために、例えば年に3回、1月、3月、8月に、対面またはビデオチャットの「ビジネスミーティング」をすることが推奨されます。

＊学校行事／夏スケジュール

長期休暇、休校日、休日、キャンプなどの計画／保護者会の日程／始業前・放課後の学童保育／課外活動や習い事（スポーツ、芸術、グループ活動など）／就寝時間（十分な休息の確保）／その他

＊学業

個別指導、テスト、成績、教育支援専門家との相談／宿題／親の管理が必要な特別課題／選択科目の検討や、楽器などの用具の管理／その他

＊社会性

友達関係、連絡先の交換／異性交際／どちらかの家での気になる行動／子どもの成長を共に喜ぶ／その他

＊身体

健康診断や歯科検診の予約／その他の医療関連／病気の懸念・管理／食生活、運動、衛生／その他

＊感情

自己肯定感・自信／精神衛生・不安に関連する懸念／行動管理の懸念（怒りの爆発など）／その他

＊家庭の変化

習慣の変更／引っ越し準備／新しい家族が増えること（新しいペット、ルームメイト、パートナー）／子どもに影響のある親戚関係のニュース／その他

苦しんでいる子どものサイン

子どもの中には、さらなる支援や介入が必要な子もいます。子どもが変化に適応し、感情と向き合って、落ち着きを取り戻すには時間がかかりますが、時間とともに改善し、安定していくはずです。親としての私たちの仕事は、特に共同養育パートナーの不要な衝突を減らして、日常生活の安定感を高めることです。生活が落ち着いて、スケジュールが確立していても状況が悪くなるようであれば、かかりつけの小児科医に相談してください。以下のリストにあるような兆候が見られる場合には、資格のあるカウンセラーや医師による継続的な介入や支援が必要になるかもしれません。

睡眠の問題／慢性的で著しい睡眠障害／頭痛や腹痛などの持続・頻発／学校や日常生活に大きな支障が出るほど、集中するのが難しい場合／勉強面での遅れや不適切な言動／頻繁に起こる怒りや暴力的な爆発／愛する人や友人関係からのひきこもり（10代なら、親しい人から距離を取るのは正常ですが、家族と友人の両方から引きこもったり、長年の友人からも距離を取って、反社会的な仲間と時間を過ごすようになったりしたら注意が必要です）／歯磨きなど基本的なセルフケアを拒否する、自分が何かを達成したり成功したりするとは思えない、何もかもどうでもよいと考える／以前は楽しんでいた活動を楽しめない／薬物やアルコールの使用、性的逸脱行為など／自傷（リストカットや摂食障害など）／自殺について考えたり、計画したりする

対立する両親の子どもに伝える4つのスキル

ビル・エディ（高コンフリクト研究所所長）

子どもには「対立が激しい両親」について話すのではなく（子どもの前でこの言葉を使ってはいけません）、「人生に役立つ4つのスキル」について話しましょう。

そのスキルとは、「柔軟に考え」「感情と向き合い」「穏やかに行動して」「定期的に自分がこれらのスキルを使えているか確認する」ことです。

子どもに、「これらの4つのスキルは、友達関係を良好にしたり、将来、良い仕事に就く助けになったり、リーダーになる際にも役立つ」ことを伝えてください。どんな人間関係においても（その人を好きでも、そうでな

くても）役に立ちます。簡単な言葉で説明すれば、4歳の子どもでも理解できるでしょう。

日常生活で、子どもに、他の人がこれらのスキルを使っていることに気付いたかどうか、あるいは自分がこれらのスキルを使ったかどうか尋ねてみましょう。例えば次のような会話が考えられます。「さっきのお店でイライラしていそうな人がいたけど、落ち着いて店員さんの説明を聞いていたのに気が付いた？ 彼は感情をコントロールしていたと言えるかな？」「テレビで見た人は、店員さんに怒鳴っていたね？ 彼は感情をコントロールしていたと言える？ 彼は自分が欲しいものを手に入れることができた？ 駄目だったね。彼はどうすればよかったのかな？」

あなた自身の例を話してみることもできます。

「今日は、道が渋滞していてイライラしたんだけど、今週、楽しみにしていることを考えるようにしたの。あなたの誕生日パーティーとか、お姉さんに会うこととか、見たい映画のこととかね。柔軟に考えて気持ちをコントロールしたの。簡単ではなかったよ。前の車の運転手への意地悪な考えが何度も浮かんだんだけど、ハッピーな考えに戻るようにしたの。あなたは、イライラした時に頭を柔らかくして対処したことがある？」

友達付き合いのサポート

このように子どもと何気ない会話ができたら、友達とけんかした時にこれらのスキルを教えましょう。例えば次のような会話が考えられます。

「ママ／パパ、学校で友達が私のことを嫌いだって言ったの！ 叩きたくなる！ 昔は親友だったのに！」

その際、次のように答えることができます。「それはつらかったね。私も昔、同じような経験をしたことがあるよ。気持ちは分かるよ。殴らなかったのは良かった。落ち着いてから、その子と話をしてみることは考えたかな？ 頭を柔らかくして、どうしてうまくいかなくなったのか、どうやって解決できるのか考えてみよう」

兄弟姉妹の衝突でも同様の対応は可能です。特に、自分たちで問題を解決できた時には、そのことを言葉にして伝えましょう。「自分たちで解決できるということは、柔らかい頭で考えられる、高い問題解決能力があるということだよ」。うまくできた時にすかさず褒めること、つまり、望ましい行動をしていることにきちんと注意を向けることが大切です。

共同養育パートナーとの関係

共同養育パートナーとの間で何か起きた時にも、これらのスキルを使ってみましょう。例えば、共同養育パートナーが理不尽に子どもに対して怒っていて、子どもがあなたに文句を言いに来たとします。そんな時、共同養育パートナーの悪口を言うのではなく、次のように言えばいいでしょう。「覚えてる? 感情をコントロールするのが苦手な人もいるんだ。落ち着いたら、今後同じことが起きたらどうするか、柔らかい頭で考えてみよう。相手の感情はコントロールできないけど、自分の感情はコントロールできるからね」

このように、共同養育パートナーの悪口を言わずに「スキルを教える」という話し方をすることで、子どものレジリエンスを高めることができます。あくまで一般的な教訓として話を進めつつ、今後同じ状況でどうすればよいかという話をすることができます。

人生に役立つ４つのスキルを身に付けることで、子どもは大人になるまでの間、特に別居や離婚といった、子どもの頃の難しい時期に、役立つ教訓を学ぶことができます。

（**ビル・エディ氏**は著書『Don't Alienate the Kids! Raising Resilient Children While Avoiding High Conflict Divorce』（２０１０年）の中で、この手法についてより詳しく説明しています。紹介したスキルは、エディ氏が開発した「新しい家族の形」メソッドの一部であり、いくつかの家庭裁判所システムで採用されています。エディ氏は、対立が激しい状況に対処するためのトレーニングやリソースを提供する高コンフリクト研究所の所長でもあります。詳細情報、書籍、その他の資料については、HighConflictInstitute.com をご覧ください）

子どもができる家事

2〜3歳児

おもちゃを箱に片付ける／汚れた服を洗濯かごに入れる・こぼしたものを拭き取る

4〜6歳児

ベッドを整える／植物に水をやる／郵便物を取りに行く／食器洗浄機からフォークやスプーンを引き出しに仕分ける／ゴミ箱を空にする／シリアルを分ける

7〜8歳児

床の掃き掃除／カウンターを拭く／食卓を片付ける／洗濯物を仕分ける／お弁当の準備を手伝う（おやつを入れる、簡単なサンドイッチを作る）

9〜10歳

食器洗浄機に食器を入れる・出して片付ける／掃除機をかける／トーストやシリアルなど、簡単な朝食を用意する／野菜洗いや皮むきなどを手伝う／ペットの餌やりと散歩

11歳以上

窓拭き／浴室の掃除／洗濯／シーツ交換／大人と一緒に、または一定年齢以上なら一人でベビーシッターをする（住んでいる州の法律を確認し、子どもの成熟度や習得している能力に応じて適切な判断をすること）／庭の芝刈りと刈った草の片付け

子どもの能力は、年齢や経験とともに伸びるということを忘れないでください。ただし、子どもの感情や身体の安全を脅かすことがないように注意しましょう。

新パートナーの受け入れ

家族の形の変化に伴い、どんな大人も不安や懸念、わだかまり、そして焦りを感じます。先に新パートナーを見つけた親は、子どものためにスムーズな道筋をつくろうとしますが、元配偶者が怒りや不信感を抱いていたり、協力的ではなかったりする場合、状況は難しくなります。

一方、新パートナーも、あなたがどちら側に付くのか心配し、元配偶者が「支配的」になるのではないか、自分が子どもの養育に発言権を持てるのかどうかなど、不安を抱えています。複雑な家族関係に加わるリスクも気がかりでしょう。あなたは、元配偶者と新パートナーの間で板挟みになっているかもしれません。みんなが仲良くしてくれればうまくいくのにと思うでしょうが、事はそう簡単ではありません。

この状況を、3本足の椅子で考えてみましょう。1本目の脚は、元配偶者が新パートナーを受け入れることができるかどうかです。あなたの新しいパートナーは有能で愛情深く、子どもの人生にもう一人愛情を注いでくれる大人がいるのは幸運なことなのだということを、元配偶者にも理解してもらうのが理想でしょう。あなたは、そしてできればあなたの元配偶者も、新パートナーは親である二人の代わりではなく、またそうなるつもりもないこと、そしてステップペアレントとして、子どものケアや指導を補助するつもりであることを理解できるでしょう。

2本目の脚は、新パートナーが、既存の親子関係に敬意を持って気を使いながら溶け込むことができるかどうかです。新パートナーは、子どもに支配的に振る舞ったり、いきなり主導権を握ろうとしたりするのではなく、あなたが元配偶者との関係を立て直し、徐々に新パートナーの子どもへの役割を取り入れていこうとするのを信頼し、あなたの元配偶者に対しては礼儀正しく接する成熟した人であれば理想的です。

> 子どもに関して、あなたは新パートナーではなく、共同養育パートナーの側に立つべきです。あなたと元配偶者は、共同養育ビジネスの共同経営責任者なのです。

3本目の脚は、あなたです。子どもの世話や家での決定事項をどのように実行していくかは、あなたと新パートナーの間で決めることです。以前の「夫婦としての役割」と新しい「共同養育パートナーとしての役割」の違いを認識し、新しい境界線、新しい手順、そして子どものために一緒に協力する関係への敬意を学ぶ必要があります。元配偶者と共同養育パートナーとして協力しながら、新パートナーがあなたの人生で安心できる居場所を持てるようにするには、リーダーシップをとり、安心感を与えることが必要です。

共同養育パートナーとステップペアレントは、どちらも独特の高度な能力が求められる役割です。本を読んで学んだり、コーチングを受けたりして困難を乗り越えて、不利な状況を克服しましょう。子連れ再婚は、統計的には厳しい状況にあります（60～75％が離婚します）。未解決の問題や対立により、新カップルは疲弊してしまうことがあります。あなたとあなたの共同養育パートナー、そして新パートナーは、もっとうまくやれるはずです。それが子どもにとって一番良いことなのです。

離婚弁護士の選び方

アン・R・ルーカス
（認定メンタルヘルスカウンセラー、離婚コーチ）

離婚手続きに入るほとんどの人は、自分のニーズと要求をきちんと代弁してくれる弁護士を探します。友人や同僚の経験談に基づいて紹介を求め、最終的には「成功」という基準で弁護士を雇います。

あなたにとっての成功とは何ですか?「財産分与で損をしないこと」「パートナーと子どもが幸せになること」「相手が子どもと会うのをせいぜい隔週末ぐらいにすること」「離婚の手続きをできるだけ丁寧に済ませて、子どもが、二つの家がある家族として安心できるようにすること」などでしょうか。

親は、子どもの世話をする人や、学校のプログラム、スポーツチームのコーチなど、自分の子どもと関わる大人については、自分たちと同じ（または近い）価値観と目標を持っていることを確認するために、慎重に選びます。その人が子どもの安全や感情面の健康、そして幸福を大切にしてくれる大人かどうか知りたいのです。別居や離婚について扱う弁護士を面接して雇う時にも、同じような注意深さ、配慮、そして審査が必要です。離婚は、あなたのお子さんにとって最も重要な出来事の一つなのです。

離婚において、弁護士はあなただけを代理するのではありません。子どもの利益とニーズも代表しており、離婚後の家族の状態に大きな影響を与えます。

あなたが選ぶ弁護士は、家族中心の離婚の意味、そして特に、あなたとあなたの家族にとって離婚が何を意味するのかを理解していることが不可欠です。遠慮せず弁護士に質問してください。指示を出してください。離婚手続きを通してあなたを導いてくれる弁護士が、あなたを守り、あなたの共同養育パートナーのニーズにも配慮してくれるか、また子どもの将来が安全で健全な離婚にかかっているということを理解しているかどうか確認しましょう。

心理療法士であり離婚コーチでもある私は、このプロセスを始めるに当たって、両親に自問するように勧めています。その答えは、実際にあなたがたの共同養育の基盤となります。子どものファミリーヒストリーを一緒につくることで、別居と離婚が子どもにどのように影響するのが理想的か、そして別居・離婚後の家族としての意識をどのように子どもに持たせられるかということについて、弁護士に伝えるための共通認識をつくります。子どもについて価値観と目標を共有し、それを最優先の目標にしてください。また、養育に関する懸念や相違点をリストアップしてください。弁護士はそれらの懸念に配慮して、将来にわたって問題解決を支援してくれるでしょう。過去に起こった対立について具体的に話し合い、将来の対立防止に向けて、創造的な解決策を見つけてください。

面談をする弁護士候補には、家族中心の離婚を望んでおり、それがあなたにとって具体的にどういうものなのかを伝えてください。最優先の目標、課題、既にある問題を話し合ってください。子どもを離婚のストレスや対立からどのように守りたいかを説明し、弁護士がそのために具体的に何をしてくれるのかを尋ねてください。弁護士は共同養育を支援し、対立を最小限に抑え、子どもの将来の成功を後押しするために、何をしてくれるでしょうか?

離婚後の家族に関する弁護士の考え、特に離婚後の最初の1年間に、家族を成功に導くため何をしてくれるのかを調べてください。弁護士は、あなたの親としての課題や、離婚を経験する親の一般的な課題を理解しているでしょうか? あなたとあなたの共同養育パートナーとの対立が深刻な場合、弁護士は二人の間に明確な境界線を設けることや、役立つ対策、最初に取るべき明確な方向について助言できるでしょうか? 将来に焦点を当てて、離婚コーチを勧めるなど、時間をかけて両親の対立を解消する方法を提案していますか? 弁護士は、養育計画に共同養育コーチングや家族カウンセリングを取り入れるといった先見の明を持っており、別居の変化に戸惑う家族全員を助けられるでしょうか? 片方の親が作成した養育計画を採用するのではなく、両方の親と弁護士、または両親と調停人を交えて作成する共同養育計画を薦めてくれますか?

養育計画は未来の青写真です。それは、両親が子どもの必要を満たすことができるように、できるだけのことをした結果でなければなりません。そして、あなたの弁護士は、創造的かつ法的にも正しい方法で、進んであなたの指示に従い、必要に応じて助言しなければならないのです。

〈アン・R・ルーカス氏〈認定メンタルヘルス

カウンセラー〉は、カップルの生涯〈婚前、結婚、離婚、再婚〉に特化したセラピスト・調停人・離婚コーチです。彼女は、ワシントン州カークランドにある、12人のメンバーからなる学際的な行動健康クリニック「エバーグリーン・クリニック」の臨床ディレクター兼オーナーです。アンは、国際的な紛争解決プロセスであるコラボレーティブ法の主要メンバーで、そこで離婚コーチとして活動し、米国とカナダで弁護士、財務専門家、精神衛生専門家にコラボレーティブ法について指導しています。また、ワシントン州カークランドのセイブルック大学で非常勤講師を務め、修士課程のカウンセリング専攻の学生を教え、指導しています。アンは現在、ワシントン州コラボレーティブ法専門家協会の理事を務め、ワシントン州キング郡コラボレーティブ法協会の元会長でもあります）

養育計画の変更

ジャスティン・M・セデル（法学博士・弁護士）

養育計画（養育権判決または養育スケジュールと呼ばれることもあります）は、裁判所の命令で、子どもが主にどちらの親と同居するのか、もう一方の親との間の養育スケジュールや養育時間、祝日・特別な行事・学校の休暇期間など重要な日を誰と過ごすかなどの規則を定めています。一部の州では、親が子どものために意思決定する際のルールなど、より詳細な内容を含めることができます。これは非常に重要な法的文書です。意図的に違反した場合、重大な拘束力のある罰則が生じる可能性があります。養育計画に違反した場合の罰則には、もう一方の親に支払われる罰金、補償としての養育時間の延長、さらには違反した親の拘留処分などが含まれる州もあります。

養育計画は最終的な文書であるとされています。つまり、子どもが18歳になるまで効力を持ち、ほとんどの場合、両親が書面で合意しない限り、変更することはできません。ただ、合意があれば弁護士に相談して、合意内容を反映した変更後の養育計画を作成・署名し、裁判所に提出することができます。

しかし、法律上は、もう一方の親が同意しなくても、裁判所に養育計画の変更を請求できる場合があります。これを「養育計画の変更申し立て」と言います。ただし、養育計画は子どもが18歳になるまで効力を持ち続けるとされているので、変更を請求する親は、裁判所に対して正当な法的理由があることを証明しなければなりません。どちらの親でもこの申し立てを提出し、裁判所に以前の命令を変更して、親の養育時間を増やす（あるいは減らす）か、または子どもに関する決定権などを変更するよう求めることができます。

養育計画の変更が認められるためには、各州で異なる法的基準や要件があります。例えば、一部の州では、申し立てをした親に対して、以前の養育計画が提出された時から「事情が著しく変化した」ことを示すことを要求しています。求める変更内容により、裁判所は、事情の変化を、子ども、または（申し立てをした親自身の事情ではなく）もう一方の親に影響を与えるものに限定するかもしれません。また、以前の養育計画が提出された時点では予期できなかった事情に限定することもあります。

一部の州では、以前の取り決めが長期間守られておらず、子どもが新しいスケジュールに慣れ親しんでおり、元の養育計画で決められたものに戻すことが子どもにとって有害であることが証明できれば、養育計画の変更が裁判所で認められる可能性があります。これは、片方の親が長期間にわたって、一部または全ての養育時間を守っていない場合によく起こります。

養育計画の変更を検討するその他の理由としては、以下のようなものがあります。

親の勤務スケジュールが大幅に変更になったため、転居が必要になったり、現在の養育スケジュールを維持することが困難または不可能になったりした場合（ただし、親の一方が子どもと一緒に転居することについて、一部の州では非常に具体的な法律があります。たとえ短距離の引っ越しであっても、引っ越しをしたい場合は弁護士に相談し、従うべき法的プロセスを十分に理解しておく必要があります）。／片方の親が薬物中毒などの問題を起こした場合／片方の親の精神衛生上の問題が子どもに悪影響を与えている場合／片方の親の養育スケジュールの間、子どもが頻繁に学校を欠席または遅刻している（もう一方の親が担当の日には、子どもは毎日必ず時間通りに学校に到着している）ことがあり、これが子どもの学業に悪影響を及ぼしている場合／片方の親が、子どもにとって実際の脅威となる人物（性犯罪者として登録されている者や、最近の暴力犯罪歴のある者など）と新しい関係にあり、子どもがいる時にその人物も家にいるといった接触がある場合／当初の養育計画が提出されて以来、協力と妥協が必要とされているにもかかわらず、それが不可能であることが判明しているため、絶えず深刻な対立が起きている場合（次のような事例）。

＊

ジュリアとダグは5年前に離婚しました。ジュリアは警察官で、勤務スケジュールは常に複雑で流動的です。ダグは、通常の9時から5時までのオフィス勤務です。彼らの養育計画では、ジュリアとダグは協力してジュリアが月に最低14日間は子どもと昼夜を過ごせるように養育スケジュールを決めなければなりません。しかし、ジュリアとダグは折り合いが悪く、このやり方は失敗に終わりました。二人は絶えず争っており、子どもがジュリアの元に滞在する日程について合意することが非常に困難です。その場合、ジュリアに毎月固定の養育スケジュールを割り当てるように、ジュリアあるいはダグが裁判所に養育計画の変更を申し立てれば、今後二人で調整や合意をしなくても済むようになるでしょう。

＊

養育計画を変更する理由は無数にありますが、一般的な考え方としては、以前の養育計画が提出された時に予期できなかった重大な事情の変化があった場合、その変化を証明する法的責任は変更を請求する側にあります。

裁判所は子どもに関わる全ての事件を非常に重大に扱います。多くの州では、申し立てをする親が最初から事件の法的根拠を立証しない限り、養育計画の変更を求める訴訟は認められません。法的基準を満たさない場合、裁判官の一存で請求が却下され、提訴が棄却される可能性があります。裁判所が訴えの法的根拠が不十分である、あるいは誠実な訴えではないなどと判断すれば、申し立てをした親に対して罰金が科されることさえあります。一方、裁判所が訴訟を進めるのに十分な根拠があると判断した場合でも、訴訟のために長期間の法的手続きが必要になる可能性もあります。

養育計画の変更を請求することを検討している場合には、弁護士にあなたの選択肢と成功の可能性について相談してください。弁護士との面談時には、現在の養育計画のコピーと、変更を要請する根拠を示す書類を持参しましょう。これには、子どもの現在の養育スケジュールを記載したカレンダー、共同養育パートナー間のメールやテキストメッセージ、学校の記録、検診の記録など、あらゆるものが含まれます。

弁護士は状況を検討して、養育計画の変更があなたにとって良い選択肢かどうか、そして養育計画の変更を求める申し立てを支持するのに十分な証拠があるかどうかを判断し、申し立てを起こす費用対効果の検討をサポートしてくれます。弁護士はまた、あなたの状況に適用される州法や、成功の可能性、法に訴える以外の方法で懸念事項を解決できるかどうかについても、助言してくれます。

共同養育コーチや調停人の協力を通して、養育計画の懸念事項を解決する共同養育パートナーも大勢います。州によっては、訴訟を起こす前に、調停など何らかの代替的な解決手段を試みることを義務付けているところもあります。弁護士は、これらの要件と選択肢について教えてくれます。

通常、子どもの将来に関する決定を下すのに最も適しているのは子どもの両親です。

子どもについては、それまでにその子どもに会ったこともない見知らぬ人が決めるより、両親が決める方がいいのは言うまでもありません。しかし、両親が合意できない場合や、子どもや親の安全が危険にさらされている場合もあります。そのような時は、子どもの最善の利益になるような決定を下すために、裁判所が存在します。

養育計画は最終的な文書ですが、予期せぬ事態が起こった場合に、もう一方の親が同意しなくても計画を変更する必要がある場合もあります。養育計画の変更が必要であり、上記の基準を満たしているかもしれないと思われる場合は、弁護士に相談して、あなたの権利や責任、そして今後の選択肢について考える必要があります。

(**ジャスティン・M・セデル氏**は、ワシントン州シアトルの法律事務所ラッシャー・ホルツァプフェル・スペリー&エバートソンの主任弁護士です。セデル氏は、複雑あるいは多額の資産が絡む婚姻の解消、複雑な子どもの養育権争い、コラボレーティブ離婚、対立が激しい離婚訴訟を専門としています。セデル氏は経験豊富な裁判弁護士であり、ワシントン州全域で複雑な家族法裁判に出廷しています。ワシントン・ロー&ポリティクス誌において、若手弁護士上位

2・5%にのみ授与される「ライジングスター（新星）」の称号を同業者から継続的に与えられ評価されています。弁護士業務に加え、セデル氏はシアトル大学ロースクールおよびワシントン大学ロースクールの特任教授も務めています）

親子関係が傷つく時

モーリーン・A・コンロイド（認定臨床ソーシャルワーカー）

「親による子の引き離し（Parental Alienation）」とは、片方の親が他方の親に対して批判的な発言や否定的な態度、あるいは敵対的な行動をとることで、子どもの心に他方の親への憎しみや敵意、恐怖、不当な拒絶の感情を植え付けるような行動パターンを指します。これより巧妙で、かつ引き離しにつながる行動として、片方の親が、子どもの他方の親への怒りや不満を共有するというものがあります。この場合、親は子どもと他方の親との問題を解決せずに、子どもの拒絶的な態度や行動を強化してしまいます。そして、これよりさらに巧みな、子どもを非常に混乱させる引き離しの形もあります。それは、言葉では「もちろんママ／パパ（他方の親）と仲良くしてほしい」と言いながらも、感情面では、悲しみ、喪失感、明らかな不安、そして別離への恐怖を子どもに伝え続けることです。このような親の行動から、子どもは「私はあの人に捨てられた。あなたは私を捨てないで」という親のメッセージをくみ取ります。

親は、次のような方法で、復讐心や支配欲、または自分の感情を満たすために、子どもともう一方の親との大切な関係を損なわせようとします。

不快感や憎しみを含む否定的な態度や批判を、広範かつ継続的に示し、共同養育パートナーに対して露骨に敵対的・拒絶的な態度を示す。／子どもの発達過程で起こる怒りや不安な気持ちを誇張して、子どもの拒絶的な感情、怒り、動揺などを正当化し、不適切な行動に駆り立てるような形で子どもの苦しみに同調する。／正しいことを口にしながらも、「自分はあなたを必要としている。私を捨てないで」または「あなたのママ／パパは良い人・親ではない」と子どもが解釈するような、自分の気持ちを優先した不安に満ちたメッセージを子どもに対して巧妙に発している。

親による子の引き離しを伴うような、極端な機能不全に陥った家族のケースは、多くの場合、州高等裁判所での法的措置によって対処されます。

両親が子どもの愛情や忠誠心を奪い合うと、子どもは親への愛情や愛着、そして一体化する感情を傷つけられる恐れがあります。兄弟姉妹もこの対立に巻き込まれる可能性があります。家族に複数の子どもがいる場合、それぞれの子どもの年齢、気質、発達段階に応じて、対立への反応は異なります。特に年長の子どもの中には、悲しみと混乱を表現するために反抗的な態度を取り、一方の親と強く結びつき、兄弟姉妹にも同じようにすることを求める子もいます。兄弟姉妹がそれに従わないと、日常的な関係に支障を来す対立や混乱が生じる恐れがあります。兄弟姉妹がそれぞれ一方の親に付くことで、この破壊的な対立にバランスを取ろうとすると兄弟姉妹の関係が失われてしまうかもしれません。親の行為によって、子どもが苦しむことになるのです。

狙われた親は、この脅威に対して反撃や自己防衛で応酬するかもしれません。一方の親は不公平・不誠実として非難され、他方の親は親としての判断ミス全般の責任を負わされることになります。家族関係のさらなる悪化に拍車をかけるような、コミュニケーションや行動パターンの悪循環が表面化することもあります。

時には、とてもうまく共同養育をしている親でさえ、子どもに自分の味方をさせたり、自分の世話をさせたりするように、無意識のうちに子どもを誘導していることがあります。


ほとんどの親は、自分の行動が子どもを傷つけるかもしれないと考えるだけでも恐ろしいと思うでしょう。


親は子どもを傷つけようとしているわけではありません。子どもを愛する親は子どもにとって最善を望んでいるのですが、自分の行動が与える影響には気付かないことがあるのです。両親の間の解決されない恨み、非難、判断の問題が、子どもとの日常のやりとりの中で巧妙に、あるいは露骨に表れて、子どもと他方の親との間の信頼や親密さを損なうことがあります。

時には、一方の親の敵対的・操作的な行動によって、子どもの受け渡しが遅れることがあります。その時に、「ちょっと遅刻しただけでしょう！ 大したことない。そんなことを気にするなんて」と言うと、子どもはその親が他方の親に「あなたは敬意に値しない。もううんざり。あなたのことはどうでもいい」と言っているように感じます。すると、子どもに対して、そう言われた親は敬意や関係を持つに値しない人だと伝えていることになります。

時々、親は子どもが聞こえるところで、もう一方の親を批判します。「彼女はなんて意地悪なんだ」「彼は信用できない、頭がおかしい、負け犬でろくでもない人間よ」。子どもの立場からすれば、子どもはさまざまな点でどちらの親にも似ています。見た目、仕草、言い回し、脳の働き、運動能力や学力など、何であれ、どちらの親にも似た部分があることで子どもは豊かになります。ですから、親が批判されるのを聞くと、子どもは自分自身を恥じるようになり、ひどい場合には、自分の中の、その親に似ている部分から距離を置かなければならないように感じてしまいます。

時には親は、元配偶者に対する怒りや非難、恨みがこもった感情で、子どもの不適切な行いを直接的に批判します。「なんでいつも遅刻するのよ？ あなたは父親そっくりね。あの人も時間を守らないから！」または「君は物事を最後までやり遂げない。お母さんと同じで無責任だ」。このような場合、子どもは親の夫婦関係についての失望、裏切られた気持ち、そして喪失の重みを背負わされることになります。子どもは両親への愛着とつながりにより、これらの発言で自分が責められているように感じ、失敗したと感じてしまいます。

否定的な発言は、家族全員に壊滅的な影響を与え、不信感と不満の種をまきます。たまにけんかになり、うっかり判断ミスをすることはあるとしても、このような行動が繰り返し何度も行われると問題になります。

子どもは親の欠点についてわざわざ知らされ、何度も告げ口される必要はありません。親の長所と短所について、子どもは自分で見つけるからです。親が頻繁に非難されたり、悪く言われたりすると、子どもは自分自身のアイデンティティーや自信を傷つけられます。なぜなら、子どもはどちらの親からも多くの特徴を受け継いでいるからです。子どもはよく「気持ちが傷つけられるし、腹が立つ」と言います。

親のもやもやとした感情、うつ、悲しみ、不安により、子どもは、親が「大丈夫」であることに責任を感じるようになります。子どもは自分の考えや気持ちを話すこともありますが、話さないこともよくあります。子どもは内面で苦しみます。親が直接的あるいは間接的に子どもに感情的な支えを求めると、子どもは自分の発達過程から外れて、親の世話やサポートをするようになってしまいます。子どもは困っている親のもとを離れることに心を乱されるかもしれません。もう一方の親に対して恨みを抱くようになるかもしれません。また、分離不安が強くなり、片方の親のもとを離れてもう一方の親と一緒に過ごすのが難しくなるかもしれません。親が自分の寂しさを繰り返し子どもに伝え、「あなたがいなくて寂しい」と伝えることで、子どもは愛されているという気持ち以上に、親の大きな喪失感に押しつぶ潰され、もう一人の親と過ごす時間を楽しむことに罪悪感を抱いてしまうようになります。

両親の別れをきっかけに起こった経済状況や物理的な環境や社会的な立場の変化について、片方の親がもう一方の親を繰り返し責めると、子どもは自分には何もできないと感じてしまいます。子どもはそれぞれの家庭環境に順応し、通常は状況に応じてそれぞれの親の手本に従ってうまく適応します。しかし、一方の親の家での恵まれた状況が、他方の親を嫌な気持ちにさせていると感じると、子どもは混乱や恥ずかしさを感じるかもしれません。子どもの一方の親の家での「幸運」を、他方の親が喜べずに、落ち込み、否定し、非難し、恨みを抱く場合のことです。これが、子どもにとって、しばしば一人で乗り越えなければならない心理的な情景になります。

＊

サリーが父親に買ってもらったルルレモンの服を着て家に入ってきた時、母親はパニックになり叫びました。「あなたのお父さんは16歳の女の子の育て方なんて何も知らないのよ。彼は何を考えているのかしら？　私だってこんな格好はしないわ！」。サリーは恥ずかしくて惨めになり、後には怒りと混乱を感じ、新しい服をどうすればいいのか分からなくなりました。

＊

絶え間ない愚痴や非難を聞かされると、子どもの心理的安全性は損なわれるかもしれません。親が子どもに対して繰り返し懸念を表明すると、子どもは板挟みになり、責任を感じてしまいます。「あなたの母親が離婚したいと言わなかったら、こんな状況にはならなかっただろう。あの人が私たちをこんなネズミの巣のようなアパートに住まわせているんだ！」。元々は大人同士の問題だったのに、今ではまるで子どもが親の選択に責任があるかのように聞こえてしまいます。「あなたの母親か父親が問題だ」と。場合によっては、子どもは緊張を和らげるため、または困っている親を慰めるために、親の意見を自分の意見として受け入れ、「戦い」に加わらなければならないかのように感じます。

子どもは親同士の「板挟み」状態に置かれ、解決できない忠誠心の分裂状態に陥ります。親が状況の変化、離婚、自分の不幸、または「家庭を壊した」ことについてお互いを非難し合うと、子どもはその非難によって生じた溝を埋める方法を見つけなければなりません。

子どもの心の半分は片方の親を愛し、もう半分は他方の親を愛します。

親が子どもを非難のゲームに参加させるよう仕向けると、子どもは自分の分断された心の中で続く戦争によって、文字通り胸が痛みます。忠誠心の分裂によって、子どもは二人の親、二つの家、そして自分自身の分断された二つの心の間を行き来しなければなりません。そうなると、子どもは学校や習い事、そして仲間たち（良くも悪くも）との時間を逃げ道にします。

時には親が、計画や合意なしに、子どものもう一方の親の養育時間に家族の集まりや誕生日パーティーなどの特別なイベントを設定し、子どもに一方の親を拒絶させるようなことをすることがあります。すると、子どもは引き裂かれます。もう一方の親がそのイベントに子どもが出席することについて「ノー」と言えば、「悪い親」に仕立て上げられてしまいます。大人たちが子どもを通して互いの怒りをぶつけ合うので、子どもは利用され、操作されているように感じるかもしれません。

子どもは、片方の親が定期的にもう一人の親の新パートナーに対して憎悪感、不信感、否定的な感情を表明していると、新パートナーとの新しいステップペアレントとしての関係を築くことに対して「忠誠心の分裂」を感じるかもしれません。子どもは、母親が「彼女はステップマザーに過ぎないし、信用できないわ。あなたの父親と浮気をして、家族を壊した人よ。あっちにいる時は必ず私に電話しなさい。あなたが無事かどうか確認したいから」と言っているのを聞くと、子どもは不安になり、不信感を抱き、混乱し、ステップマザーを憎むべきかどうか迷います。「もしママが正しかったらどうしよう？　僕がステップペアレントを気に入ったらどうしよう？　浮気の話なんて聞きたくない！　僕のことは放っておいてほしい。けんかしないでほしい！」

養育スケジュールは変更せざるを得ないこともあります。しかし、スケジュール変更の要求が争いをあおったり、不必要な混乱を生み出したり、どちらかの親の家庭生活を乱したりする手段になってしまうと、子どもは苦しみます。養育スケジュールの変更の依頼・要請や「最優先権」をめぐる言い争いが絶えないのは、往々にして未解決の夫婦関係の確執を解消できていない親の一方、または両方による、操作的かつ支配的な行動の表れです。子どもにとって、規則的で安定したスケジュールは、変化に順応し、二つの家で暮らす両親との生活のリズムに落ち着くために必要です。子どもは適応し、困難に対処するために一生懸命頑張っています。子どもがリズムにうまくなじむ必要性を親が無視すると、子どもは落ち着かなくなり、自分が邪魔者のように感じ、問題の原因だと思われ、憤慨します。「自分がいなければ、彼らはけんかをする理由がなくなるんだ」

混乱と緊張は、往々にして、離婚の際に両親が別居や離婚そのものによって引き起こされる不確実性と喪失感に脅威を感じている時に始まります。こうして両親の関係が損なわれるのです。不幸なことに、親たちが一つの家庭を解消し、二つの家で新しい安定を見つけようとするこの時ほど、子どもが両方の親との関係や日々の生活の安定性を必要とする時はありません。

意図的であろうとなかろうと、このような否定的な親の態度や行動は子どもに影響します。難しいことですが、最善の解決策は、それぞれの親が元配偶者との長引く対立から身に付けてしまった無意味な習慣に気付くことです。子ども、元配偶者、または気にかけてくれる他の大人からのフィードバックに耳を傾けてください。視点を変える機会を受け入れ、未解決の感情に向き合って、共同養育関係を改善し、子どもにとって健全な二つの家での環境を確保してください。具体的には、以下のステップをお勧めします。

子どもにとっても大人にとっても、絶え間ないネガティブな態度は負担であることを認識します。／解決されていない過去（または現在）の大人同士の問題に子どもを巻き込まないようにしましょう。子どもの親を非難し、ネガティブな価値判断をしても、自分が起こした問題ではないので子どもには解決することはできません。適切な大人のサポートを求め、自分の人生でうまくいっていない部分についての解決を図りましょう。／自分のことを心配してくれている人から、元パートナーとの関係についてネガティブで有害な、あるいは支配的なパターンに陥っているのではないかと言われた時は、身構えずに耳を傾けましょう。元パートナーを一方的に責めるだけで、自分がその状況に加担している部分について目をつぶることは、子どもの人生において重要な部分を見落とすことになります。／共同養育関係を改善するために共同養育パートナーと話し合う時は、子どもに配慮して中立的な場所を選びましょう。／建設的な対話、計画の変更、目標設定を促すために、共同養育コーチ、調停人、家族療法士などの専門家のサポートを受けましょう。／養育計画にある問題解決プロセスを、適切かつ建設的に最大限活用しましょう。／子どもを巻き込む場合は、熟練したファシリテーターの助けを借り、望ましいプロセスを用いて、子どもに害を与えることがないようにしましょう。子どもに大人の問題、養育スケジュール、ステップペアレントとの生活について意見を求めたり、他方の親を非難させたり、不満を述べさせたりすることは、子どもの忠誠心を分裂させてしまいます。／勇気を持って行動しましょう。効果的に子育てや共同養育をする方法を学ぶことは、一生続く努力です。／覚えておいてください。子どもは完璧な親を必要としていません。十分に良い親を必要としているのです。

（**モーリーン・A・コンロイド氏**は、修士号を取得した認定臨床ソーシャルワーカーです。臨床ソーシャルワークの認定ディプロマットで、コラボレーティブ法専門家向けの精神保健トレーニングを修了し、全国認定メディエーターでもあります。国際コラボレーティブ法専門家協会〈ＩＡＣＰ〉メンバーです。臨床開業医として、大人、子ども、家族と共に幅広く働いてきた経験があります）

著者

カレン・ボネル　Karen Bonnell

共同養育コーチ。1980年にミシガン大学精神科看護学修士号を取得後、心理療法士として経験を積む一方、２つの家庭をつくる経験から多くのことを学ぶ。2006年以降は、婚前準備から離婚後の共同養育、再婚のコーチとして個人、カップル、家族と関わってその紛争を解決することに尽力し、定期的に講演を行う。2022年には弁護士、調停人、コーチ、心理専門家向けの助言・トレーニングサービスを開始。ワシントン州キング郡コラボレーティブ法協会元理事、ワシントン州コラボレーティブ法専門家協会創設メンバー。著書に『The Stepfamily Handbook』（2018年）などがある。シアトル近郊のカスケード山脈の麓に住み、休日はカメラを持って国立公園やハイキングコースを探訪している。

クリスティン・リトル　Kristin Little

児童心理カウンセラー。西ワシントン大学で一般心理学の修士号、アルゴシー大学でメンタルヘルスカウンセリングの修士号を取得。2000年よりワシントン州で認定児童メンタルヘルススペシャリストとして活動し、地域社会の子どもたちとその家族に対してセラピーを提供。また、離婚とシングルペアレンティングの経験から、個人、親、子どもたちを支援し、離婚の有害な対立を減らすことに取り組んでいる。シアトル地域に住む若い息子と、複雑で愛情あふれる２つの家庭と共に生活。ワシントン州コラボレーティブ法専門家協会元理事。著書に『No More Us』（2018年）がある。

訳者

塚越悦子　Etsuko Tsukagoshi

カップル＆パートナーシップ専門コーチ、アドラー＆幸福学ハッピーペアレンティング（子育てコース）講師。東京大学文学部卒業。モントレー国際大学院行政学修士号を取得。国連、JICA勤務を経て、米国日本語補習校の事務局長を経て翻訳業。３子の子育て中。著書に『国際結婚一年生』（主婦の友社）、訳書に『アドラー流子育てベーシックブック』（サウザンブックス社）、『子どもの誇りに灯をともす』（英治出版）がある。

ビジネス思考で
離婚後の子育ては必ずうまくいく！
共同親権・共同養育対応

2024年11月1日　初版発行

著者　カレン・ボネル　クリスティン・リトル
訳者　塚越悦子
著者写真　Tilly Goble
デザイン　滝澤 博（株式会社デジカル）
校正　株式会社聚珍社
発行者　本西勝則
発行所　株式会社イオン・ネット
〒160-0022
東京都新宿区新宿5-11-13 富士新宿ビル4F
電話　03-4400-5596
メール　info@eon-net.com

 ISBN978-4-9912402-0-1

13332353R00168

Printed in Japan
落丁、乱丁本のお問い合わせは
Amazon.co.jp カスタマーサービスへ